Museum Politicum

Kleine Schriften

im Auftrag des
Ägyptischen Museums - Georg Steindorff - der Universität Leipzig

herausgegeben von Dietrich Raue

Band 12

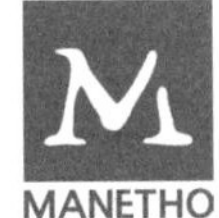

Museum Politicum

Erinnerungen zum 40. Jahrestag der Wiedereröffnung des Ägyptischen Museums der Universität Leipzig am 12. Mai 2016

Elke Blumenthal

Bibliografische Informationen der Deutschen Nationalbibliothek;
Die Deutsche Nationalbibliothek verzeichnet diese Publikation in der Deutschen Nationalbibliografie.
Detaillierte bibliografische Daten sind im Internet über http://dnb.ddb.de abrufbar.

ISBN 978-3-447-11051-8
ISSN 2509-9876

Printed in Germany
Einbandgestaltung, Satz und Typografie: Andreas Paasch, Berlin

Einbandfoto: Ausstellungshalle Schillerstraße 6: Schauraum des Museums 1976–2002.
Foto: ÄMULA Fotothek

Produktion: Laserline Druckzentrum Berlin KG

Besuchen Sie auch www.manetho-verlag.de

Inhaltsverzeichnis

Vorwort

Der Text, den ich hier vorlege, ist aus einer Ansprache hervorgegangen, die ich zum 40jährigen Gedenktag an die Wiedereröffnung des Ägyptischen Museums der Universität Leipzig nach Kriegs- und Nachkriegszeit am 12. Mai 1976 vorbereitet habe. Schon während des Niederschreibens hatte ich den Eindruck gewonnen, dass es nicht bei wenigen Seiten bleiben konnte, sondern dass die Fülle des Materials und der Gesichtspunkte einen ausführlicheren Rückblick erforderte. Doch sollte es dabei nicht um eine ägyptologiegeschichtliche Darstellung gehen, auch sollte nicht das Ägyptologische Institut im Mittelpunkt stehen, zu dem das Museum bis heute gehört, sondern das Museum selbst. Denn die Geschichte der kleinen Universitätseinrichtung spiegelt unerwartet deutlich politische Situationen und Entwicklungen wider und ist deshalb über die Grenzen der Fachrichtung und der Universität hinaus von Interesse. Das gilt vor allem für die DDR-Zeit, in der das Museum eine der viel zitierten „Nischen" war, die dem Nonkonformismus in totalitären Systemen Lebensraum bieten. Die Staatsmacht wiederum erscheint bei näherem Hinsehen als komplexes Gebilde und nicht als der monolithische Block, als der sie in der Außenansicht auch von uns, den Nischenbewohnern, wahrgenommen wurde.

Diese Einsichten sind der Zeitgeschichtswissenschaft natürlich längst bekannt. Ich bin daher bei meinem ursprünglichen Ansatz geblieben, kein eigenes Forschungsprojekt aufzumachen, habe kaum Sekundärliteratur und außer meiner eigenen Stasi-Akte, einigen Personalakten des Universitätsarchivs und museumseigenen Unterlagen keine Archivalien benutzt, sondern erzähle Selbsterlebtes in dem freieren Stil des tatsächlich gehaltenen Vortrags, der dem ersten Kapitel zugrunde liegt. So kann ich vielleicht die Erkenntnisse von Zeithistorikern ergänzen, in deren Quellen meistens die politische Staatsideologie überwiegt und die alltägliche Praxis mit ihrer Mannigfaltigkeit und vielen Zwischentönen seltener abgebildet wird.

Den oft erhobenen Einwand, dass die Erinnerungen von Zeitzeugen subjektiv gefärbt oder bewusst und unbewusst konstruiert sind, habe ich gern in Kauf genommen. Mir ist bewusst, dass ich bestenfalls einen Ausschnitt der Wirklichkeit wiedergeben kann und dass dieser durch meine Person gefiltert ist (was *mutatis mutandis* allerdings auch auf die professionellen Historiographen zutrifft). Wie Dokumentation und Erinnerung ineinander greifen können, deutet sich in dem Bericht über die Schicksale der Sammlung Neumann an. Bei aller Unvollkommenheit des Dokumentierten und Erinnerten leistet er einen Beitrag zu der wissenschaftlichen Beschäftigung mit staatlich organisiertem „Kunstentzug" in der Sowjetischen Besatzungszone und der DDR, die sich erst jüngst aus dem Schatten der NS-Kunstraubforschung gelöst und zu einer eigenen Subdisziplin der Provenienzgeschichte formiert hat.

Mehr noch als sonst habe ich Kolleginnen und Kollegen für die Teilnahme an meinem Vorhaben und für Auskünfte, Ratschläge und Korrekturen zu danken. An erster Stelle hebe ich die Beiträge meiner Weggefährtinnen Angela Onasch und Kerstin Seidel hervor; letztere hat vor allem ihre Kenntnisse aus dem von ihr aufgebauten Museumsarchiv beigesteuert und mit gewohnter Hingabe für Redaktion und Manuskriptgestaltung und Bebilderung des Textes gesorgt. Ferner nenne ich Elke Freier aus dem ersten von mir betreuten ägyptologischen Studentenjahrgang und Gudrun Calov und Ursula Mende, meine kunsthistorischen Kommilitoninnen sowie das zu unserer Zeit schon „ältere Semester" Eva Börsch-Supan, denen ich Erinnerungen an unsere Studienjahre und biographische Daten aus den 1950er Jahren verdanke. Reingart Unger und Christa Müller, die einst für die ägyptische Sammlung zuständig waren, haben von ihrer Leipziger Studien- und Dienstzeit berichtet.

Als Gesprächspartner aus der ersten Generation von Mitarbeitern und Mitarbeiterinnen sowie Studierenden nach der Wiedervereinigung Deutschlands haben mich mein Nachfolger Hans-W. Fischer-Elfert sowie Katharina Stegbauer und Karl Heinrich von Stülpnagel beraten. Dietrich Raue bin ich auch dafür verpflichtet, dass er meine umfangreiche Niederschrift in die „Kleinen Schriften" des Museums eingereiht hat. Auch in seinem Namen danke ich dem Manetho Verlag Berlin und seiner Leiterin Nicole Kehrer, die das Manuskript mit Interesse sachkundig betreut hat, und Andreas Paasch für Satz, Typographie und Einbandgestaltung.

Dem Universitätsarchiv Leipzig danke ich für Auskünfte zur neueren Universitätsgeschichte, Marianne Eaton-Krauss für Informationen zur Person von B. V. Bothmer, Margret Merk für Mitteilungen über ihren Vater Heinz Ladendorf. Und nicht zuletzt denke ich an meinen Ehemann Konrad von Rabenau, der mich von seinem Krankenbett aus zu der Ausarbeitung ermutigt und sie anfangs noch begleitet hat.

Leipzig, 3. Oktober 2017

40. Jahrestag – die Wortverbindung im Titel dieses Buches lässt vermutlich die Alarmglocken bei allen denen von uns schrillen, die wesentlich älter sind als 40 Jahre und vor der Wiedervereinigung 1990 im östlichen der beiden deutschen Staaten gelebt haben. Denn unvergessen ist der 40. Jahrestag der Gründung der DDR am 7. Oktober 1989, mit dem ein grandioser Neuanfang in der deutschen Geschichte gefeiert werden sollte. Das Vorhaben misslang kläglich. Bei der großen Militärparade in Berlin jubelte die Bevölkerung nicht dem Staatsratsvorsitzenden Erich Honecker zu, sondern seinem Ehrengast, dem sowjetischen Staatsoberhaupt Michail Gorbatschow, der die Hoffnung auf einen politischen Wandel verkörperte. Im Rückblick symbolisierte der Festtag für viele den Anfang vom Ende der DDR.

Am 12. Mai 1976 jährte sich der Tag zum 40. Mal, an dem das Ägyptische Museum der Universität Leipzig wieder eröffnet wurde, nachdem es 1943 wegen der Bombenangriffe des Zweiten Weltkriegs geschlossen worden war. Ungeachtet der fragwürdigen Parallele zögere ich nicht, auch von diesem 40. Jahrestag als einem Neuanfang zu sprechen, einem Neuanfang allerdings, der einen wirklichen Aufbruch bedeutete.

Dabei ist mir nicht darum zu tun, die alltägliche Arbeit des Ägyptischen Museums der Karl-Marx-Universität (KMU) zur Zeit des „real existierenden Sozialismus“ darzustellen. Vielmehr möchte ich in Erinnerung rufen, wie es Funktionen wahrnahm, die nicht zu den normalen Aufgaben eines Museums gehören, sondern sich aus den politischen Rahmenbedingungen ergaben. Ich möchte von seiner besonderen Bedeutung als Rettungsanker und Tor zur Welt, aber auch als beruflicher Durchgangsstation sprechen und die Rolle rekonstruieren, die der Staatssicherheitsdienst der DDR, kurz Stasi genannt, bei alledem spielte. In einem summarischen Rückblick soll abschließend die Entwicklung in der neuen Welt nach der politischen „Wende“ von 1989 bis zur Gegenwart in großen Zügen dargestellt werden.

Zunächst aber wird der zeitgeschichtliche Film zurückgedreht und kurz skizziert, wie es zu alledem kam.

I Vorgeschichte

Am 14. Januar 1970 war, völlig unerwartet, Siegfried Morenz, der langjährige Direktor des Ägyptologischen Instituts und der ägyptischen Universitätssammlung, im 56. Lebensjahr gestorben. Der international anerkannte Gelehrte, ein Mann von großer politischer Eigenständigkeit, hatte das Institut als Ort geistiger Freiheit für Mitarbeiter und Studierende vor der Gleichschaltung durch die marxistisch-leninistische Staatsideologie zu bewahren gewusst. 1966 hatte er eine erfolgreiche fünfjährige Lehrtätigkeit im schweizerischen Basel aus freien Stücken beendet und war ganz in die DDR zurückgekommen. Das war nicht unbedingt zur Freude der ostdeutschen Staatsmacht geschehen, die dem unbequemen Rückkehrer zwar großzügige Privilegien zubilligte, ihn aber im Grunde gern auf Dauer losgewesen wäre.

Im Institut hinterließ Morenz bei seinem Tod drei wissenschaftliche Assistenten[1], einen Restaurator[2], eine Sekretärin[3] und eine Reinigungskraft[4], die fest zum Mitarbeiterstab gehörte, dazu zwei Doktoranden[5] und drei Haupt- und einen Nebenfachstudenten[6]. Ihnen allen stand nun eine ungewisse Zukunft bevor, denn das Institut mit seiner üppigen personellen Ausstattung war auf Morenz' Sonderstatus zugeschnitten und fügte sich in keiner Hinsicht in den normalen Universitätsbetrieb ein. Erschwerend kam hinzu, dass sich der jüngste Assistent Michael Atzler nach wenigen Wochen des Kapitalverbrechens der „Republikflucht" schuldig machte und an der Universität Basel, der vormaligen Wirkungsstätte seines Lehrers, Zuflucht fand. Da man ihn nicht mehr haftbar machen konnte, bestand die Gefahr, dass wir ehemaligen Kollegen der Mittäterschaft verdächtigt würden, doch eine unbekannte schützende Hand (so etwas hat es zu unserem Glück immer wieder gegeben!) bewahrte uns davor. Zunächst gelang es, die Fortexistenz der Ägyptologie durch den „Bestandsschutz" der Studierenden (so die heutige Terminologie) für drei Semester bis zu den Abschlussexamina zu sichern, was ohne die uneigennützige Hilfe der Kollegen um Walter-Friedrich Reineke, den Leiter der Arbeitsstelle Altägyptisches Wörterbuch an der Berliner Akademie der Wissenschaften, nicht möglich gewesen wäre. Sie hielten diejenigen Lehrveranstaltungen, die wir Leipziger nicht bieten konnten, und Morenz' interdisziplinäres Kolloquium „Neue Forschungen" wurde zu einem Leipzig-Berliner Forum für ägyptologischen Austausch und Weiterbildung umfunktioniert (und ist es bis heute geblieben).

Was ab Sommer 1971 folgen sollte, war völlig unklar. An dieser Stelle kommt das Museum ins Spiel, dem hier unser Hauptaugenmerk gilt.

1 Michael Atzler, Renate Becher, Elke Blumenthal. Erläuterungen zu den im Fließtext und den Anmerkungen genannten Personen im Personenregister Anhang 1.1.

2 Horst Etzoldt.

3 Angela Heller.

4 Rosa Winterlich.

5 Elke Kindler, Ulrich Luft.

6 Wolf-Burkhard Oerter, Christian Onasch, Frank Steinmann, Nebenfach: Stefan Grunert.

II Rettungsanker

Dazu muss ich wieder etwas weiter ausholen. Die Leipziger ägyptische Universitätssammlung geht auf Georg Ebers' „Aegyptologischen Apparat" von 1874 zurück, einen Fundus aus Büchern, Gipsabgüssen und einigen wenigen Originalen altägyptischer Kunst, aus dem bekanntlich seit 1893 unter Georg Steindorff ein veritables Museum entstanden ist. Es wurde 1897 zusammen mit dem Universitätsmuseum klassischer Antiken im Johanneum untergebracht, einem Seitentrakt des neu errichteten Hauptgebäudes der Universität am Augustusplatz, der sich aber bald als zu klein für die beiden Sammlungen erwies. Zwischen 1912 und 1916 – also noch während des Ersten Weltkriegs – konnte er um einen „Kreuzgangflügel" erweitert werden, der am 21. Mai 1916 feierlich der Öffentlichkeit übergeben wurde.

Bei dem schwersten Luftangriff auf Leipzig am 4. Dezember 1943 wurde das gesamte bauliche Ensemble stark beschädigt. Ihm fielen auch diejenigen ägyptischen Bestände zum Opfer, die nicht kurz zuvor von Morenz, damals wissenschaftliche Hilfskraft „auf Kriegsdauer", im Auftrag des zur Wehrmacht eingezogenen Institutsdirektors Walther Wolf in der sächsischen Provinz hatten ausgelagert werden können; etwa 2500 Originale überstanden den Krieg in Schloss Mutzschen bei Grimma und in Technitz nahe Döbeln. Über das erhebliche Ausmaß der Verluste – nahezu ein Viertel des Bestandes – weiß man erst seit der Generalrevision von 1994 genauer Bescheid, weil mit den Kunstwerken auch das Inventarbuch verbrannt war und später nach und nach rekonstruiert werden musste. Das Institut mitsamt den aus den Trümmern zusammengeklaubten Resten von Museumsgut fand im Erd- und Kellergeschoss des nahen, weitgehend unversehrt gebliebenen universitätseigenen Doppelgebäudes Schillerstraße 6/Magazingasse 6 eine neue Heimstatt, dort, wo sich heute die Zweigstelle Orientalistik der Universitätsbibliothek befindet. 1951 konnte Morenz, nunmehr Universitätsdozent, in dem geräumigen Erdgeschoss eine kleine Ausstellung mit den Stücken eröffnen, die in Technitz unversehrt geblieben waren.

Etwa gleichzeitig mit seiner Ernennung zum Professor 1952 erreichte ihn der Ruf auf den Direktorposten des Ägyptischen Museums und der Papyrussammlung der Staatlichen Museen zu Berlin, den er von 1952 bis 1958 innehatte, ohne seine Leipziger Tätigkeit als Hochschullehrer und Institutsdirektor aufzugeben. Es kennzeichnet den Personalmangel der Zeit nach dem Zweiten Weltkrieg, dass man auf Morenz zurückgriff und er die beiden anspruchsvollen Ämter parallel ausübte. Zwar verstand er sich nicht als Archäologe oder Kunstwissenschaftler, doch brachte er für die Museumsarbeit in Berlin außer seinem ägyptologischen Fachverstand Initiative, Organisationstalent und Durchsetzungsvermögen mit – Qualitäten, die jetzt gefordert waren. Auch hatte er in schwierigen Kriegszeiten die Leipziger Bestände verpackt und evakuiert und soeben teilweise zurückgeführt und dem Publikum zugänglich gemacht.

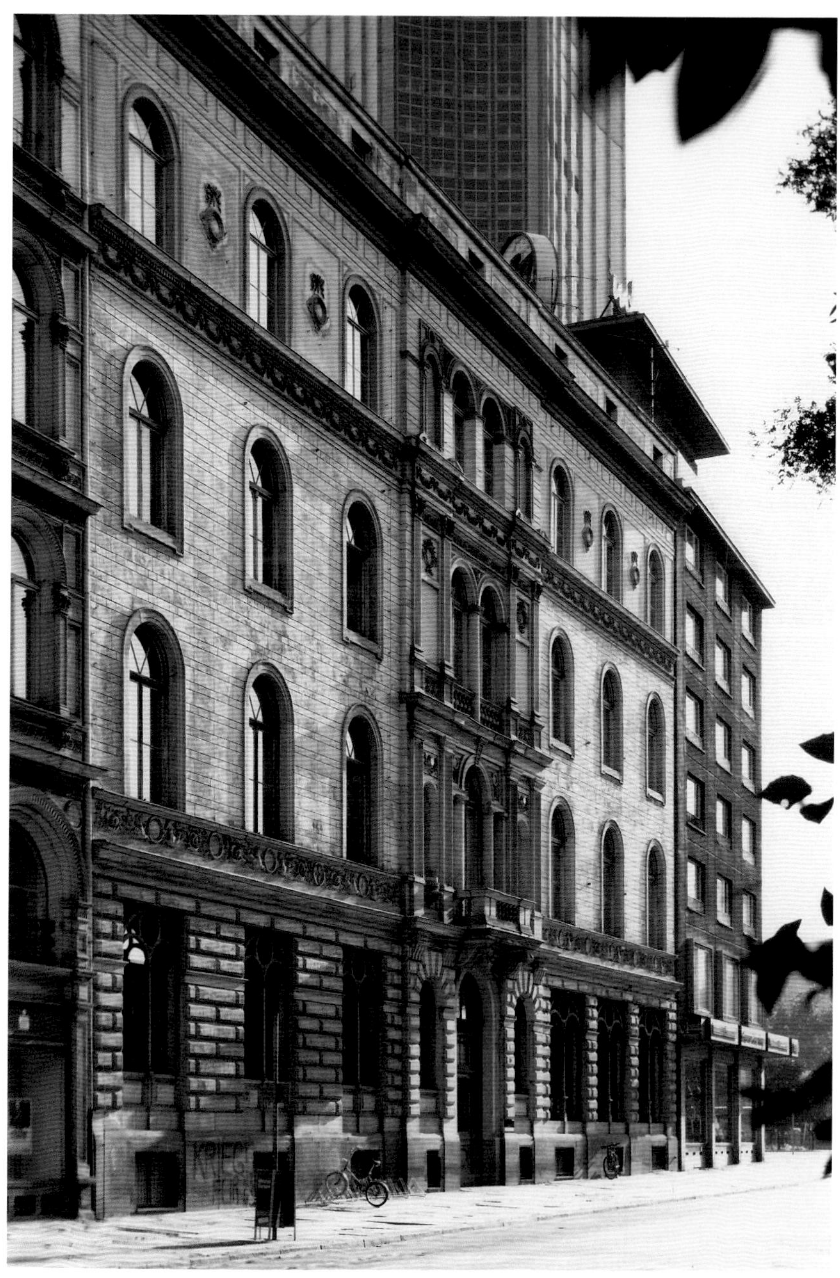

Gebäude Schillerstraße 6, um 1990/91
1946–2002 Sitz des Ägyptologischen Instituts/Ägyptischen Museums. Foto: ÄMULA Fotothek

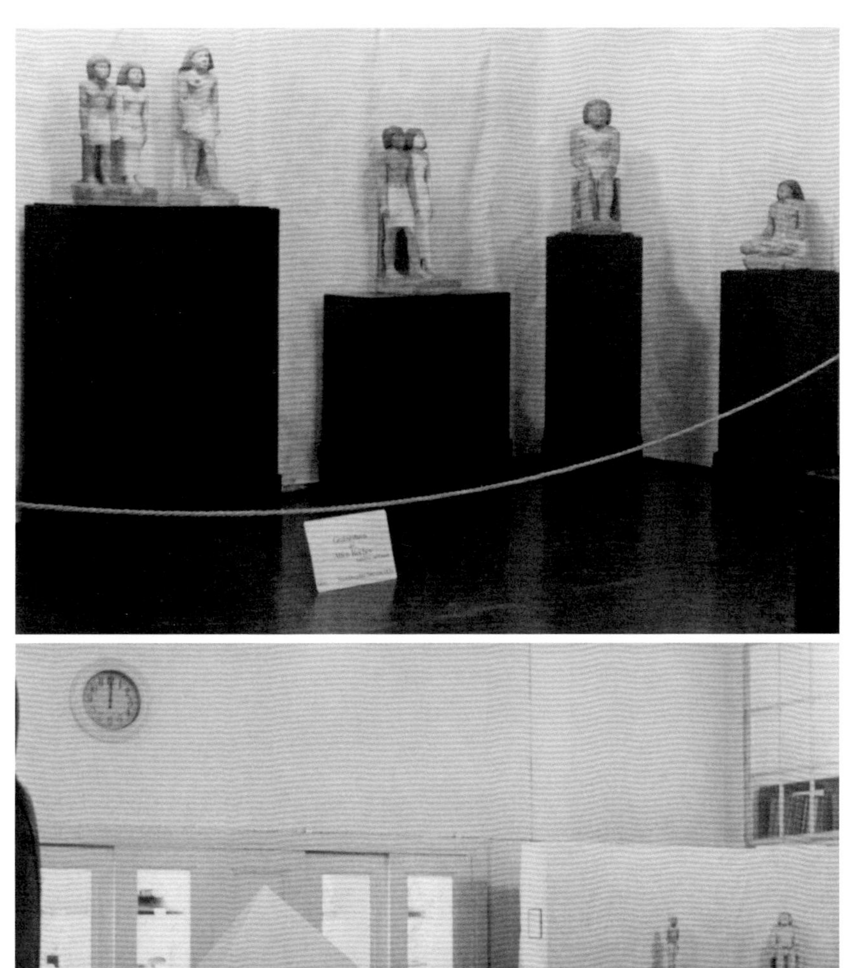

Ausstellungshalle Schillerstraße 6, Erdgeschoss
1951–1958 Schauraum des Ägyptischen Museums, mit dem Pyramidenmodell des Königs Sahure (Inv. M 6718). Foto: ÄMULA Fotothek

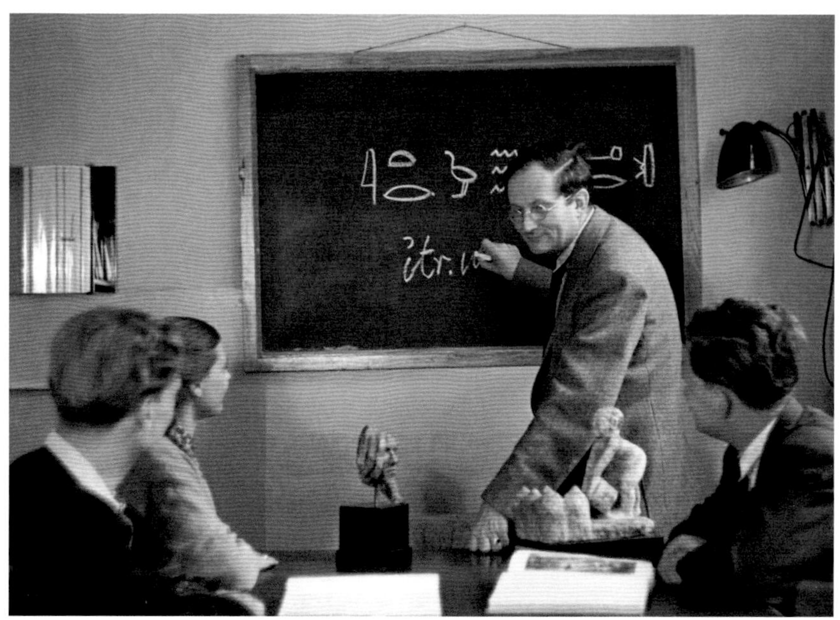

Siegfried Morenz erteilt im Seminarraum Schillerstraße 6, Erdgeschoss, Unterricht an Hand von Originalen des Ägyptischen Museums (Inv. 2566 und 1945).
Im Vordergrund links Reingart Würfel. Um 1950. Foto: ÄMULA Fotothek

Allerdings ging die zusätzliche Aufgabe weit über seine bisherigen Erfahrungen hinaus. Das Berliner Museum war vom Krieg schwer gezeichnet und durch Zerstörung, Auslagerung und Abtransport in die Sowjetunion auf ein Minimum seines einst weltberühmten Standes reduziert worden. So musste Morenz, um die weitläufigen Schauräume einigermaßen repräsentativ ausstatten zu können, Leihgaben aus der kleinen Leipziger Sammlung und einen qualitätvollen Porträtkopf König Sesostris' III. hinzuziehen, den Reingart Würfel, seine erste Studentin und jetzige Leipziger Assistentin, in dem Schlossmuseum Gotha entdeckt hatte.[7] Dass unter diesen Umständen die erste Nachkriegsausstellung im später so genannten Bodemuseum

7 Gotha Inv. Ae I, A.K. 44; vgl. R. Würfel, Ein Königskopf des Mittleren Reiches in Gotha, in: Archäologischer Anzeiger. Beiblatt zum Jahrbuch des Deutschen Archäologischen Instituts 1952, Berlin 1953, S. 38–47. In seinem Berliner Museumsführer Staatliche Museen zu Berlin. Ägypten und das Berliner Ägyptische Museum, 3. Aufl. Berlin 1955 hat Morenz das Stück abgebildet und besprochen (S. 96f., Abb. 10), aber unterlassen, auf die Erstveröffentlichung seiner Schülerin hinzuweisen, die sich nur auf eine knappe Notiz von Fr. W. von Bissing bezieht. Sie ist auch in der weiteren Forschung einschließlich des Museumskatalogs von U. Wallenstein, Schloßmuseum Gotha. Ägyptische Sammlung, Gotha 1996, S. 38f., 58 Kat.-Nr. 3 nicht berücksichtigt worden.

schon 1953, ein Jahr nach Morenz' Berufung, eröffnet werden konnte, war eine erstaunliche Leistung. Sie wäre undenkbar gewesen ohne seine beiden Berliner Mitarbeiter Martin Krause – er hatte als Theologiestudent in Leipzig Lehrveranstaltungen von Morenz besucht – und den Restaurator Rudolf Kuhn. Unentbehrlich war auch Reingart Würfel mit ihren Erfahrungen beim Aufbau der Leipziger Ausstellung. Der Nationalpreis III. Klasse, die höchste kulturelle Auszeichnung der DDR, die Morenz noch 1953 verliehen wurde, sollte ihm später in politisch brisanten Situationen als Schutzschild von Nutzen sein.

Für den akuten Krisenfall taugte der Nationalpreis freilich nicht. Morenz hatte ihn sich mit Gerhard Rudolf Meyer teilen müssen, dem Direktor des Berliner Vorderasiatischen Museums, das 1951 teilweise und 1953 vollständig wiedereröffnet worden war. Beide Preisträger verband eine tiefe, vor allem weltanschaulich begründete Animosität. Anders als Morenz stand Meyer fest auf dem Boden der DDR, und neben den politischen Differenzen gab auch das gemeinsame Tagesgeschäft unter den Bedingungen der Mangelwirtschaft ausreichend Gelegenheit zu Auseinandersetzungen. Sie gipfelten in Morenz' Entlassung durch Meyer, kaum dass dieser im März 1958 Generaldirektor der Staatlichen Museen geworden war. Wie wenig dieser Schritt fachliche Gründe hatte, zeigt sich daran, dass als Morenz' Nachfolger Otto Firchow, ein Philologe reinsten Wassers, bestellt wurde, der aus der Wörterbucharbeit an der Berliner Akademie der Wissenschaften kam und wenig Verständnis für den Museumsbetrieb und die kulturhistorischen Dimensionen des Alten Ägypten mitbrachte. Seine glücklose Amtsführung endete damit, dass er schon nach zwei Jahren, im August 1960, das Museum und die DDR verließ.[8] Auch wenn das Staatsverbrechen „Republikflucht" ein Jahr vor dem Bau der Berliner Mauer noch mittels einer S-Bahnfahrt begangen werden konnte, war es nicht ohne Risiko: die Volkspolizisten führten schon damals verschärfte Kontrollen in den Zügen durch, um Fluchtwillige bereits an ihrem Gepäck zu erkennen. Das aber war in diesem Fall alles andere als harmlos, denn Firchow trug Museumsgut mit sich: einen Band der großen koptischen Bibliothek mit Schriften des spätantiken Religionsstifters Mani aus der ägyptischen Oase Fayum. Die „Box" gehörte zu dem Teil der Büchersammlung, den der englische Mäzen A. Chester Beatty für das British Museum erworben hatte und von dem begnadeten Berliner Papyrusrestaurator Hugo Ibscher restaurieren ließ. Offenbar seit den 1930er Jahren in dessen Werkstatt verblieben, war sie doch englisches Staatseigentum, mit dessen Rückerstattung sich Firchow der britischen Militärverwaltung, einer der drei alliierten Schutzmächte Westberlins, zu empfehlen hoffte. Als sich die Fachleute in London das geheimnisvolle Paket im Oktober 1960 ansehen konnten, stellte sich freilich heraus, dass

8 Firchow selbst spricht von „*political and personal pressure*". Zum Vorgang vgl. J. M. Robinson, The Manichaean Codices of Medinet Maadi, Cambridge 2015, S. 16f. Zitierte Stellen: S. 16 A. 54, S. 17 A. 54.

es vor allem unbeschriebene Seiten und stark verstümmelte Fragmente des Zweiten manichäischen Psalters enthielt, die Ibscher anscheinend nicht der Bearbeitung für wert gehalten hatte. Auch Søren Giversen, der 1988 eine zweibändige Gesamtausgabe des „*Psalm book*" in Faksimile edierte, hat auf die Fragmente in Firchows Box wegen ihres schlechten Erhaltungszustands verzichtet, dies allerdings auch mit dem ihm unheimlichen „*strange way*" ihrer Rückgabe begründet.

Die Arbeit am ersten Teil des Psalmbuchs, den Chester Beatty 1931, ein Jahr nach dem zweiten, in Ägypten erworben hatte, konnte Ibscher offenbar noch vor seinem Tod 1943 beenden. Dieser Band hat schon 1947 seinen Weg nach London gefunden, als sich die Grenzen nach dem Ende des Krieges geöffnet hatten. Ob sich Firchow der Wertlosigkeit des zurückgebliebenen Restbestands bewusst war, ist ungewiss; er entschuldigte sich damit, dass nicht er das Material verpackt habe, sondern Ibschers Sohn Rolf, der die Arbeit seines Vaters in Kleinmachnow bei Berlin fortsetzte. Dass Ibscher jun. den Direktor von Museum und Papyrussammlung absichtlich im Unklaren gelassen hätte, ist allerdings kaum vorstellbar. Offensichtlich konnten sich die beiden Männer aufeinander verlassen, die da im Spannungsfeld zwischen Siegern und Besiegten, zwischen Ost und West jenseits der Legalität agierten: Die Rückgabe von britischem Kulturgut aus der sowjetischen Besatzungszone hätte selbstverständlich nur auf diplomatischer Ebene stattfinden dürfen und nicht auf dem „Fluchtweg".

In den schwierigen Schicksalen der Mani-Handschriften sind die Verwicklungen um das Psalterium nur eine Episode unter vielen. Ich habe sie hier trotzdem nachgezeichnet, weil sie, wenn auch auf anderem Schauplatz und unter anderen Umständen, Aspekte meines Themas „*Museum Politicum*" vor Augen führen, die es in dieser Art auf der Leipziger ägyptologischen Bühne nicht gegeben hat.

Aber zunächst zurück auf die Berliner Museumsinsel. Dort hatte das Schicksal dem neu berufenen Direktor eine große Chance geboten, und es gehört zu seiner persönlichen Tragik, dass er sie nicht ergreifen konnte. Völlig unerwartet gab nämlich die Regierung der UdSSR 1958 einen Teil der im westlichen Jargon des Kalten Krieges „Beutekunst" genannten Werke aller Kunstgattungen an die DDR zurück, die 1945 von der siegreichen Roten Armee aus ostdeutschen Museen und Depots in die Sowjetunion überführt worden waren, darunter auch ägyptische Bestände aus Berlin, Dresden und Leipzig. Die Rückführung wurde als aufsehenerregender Staatsakt inszeniert und mit einer großen Ausstellung auf der Museumsinsel gefeiert, in der auch etwa 150 von den bedeutenden Berliner Aegyptiaca gezeigt wurden. Die faszinierende Aufgabe, mit den wiedergewonnenen Schätzen während des folgenden Jahres eine neue Dauerausstellung aufzubauen und so dem Ägyptischen Museum viel von seinem verlorenen Glanz zurückzugeben, wurde vor allem von den Mitarbeitern mit Elan und einem über Jahrzehnte beständigen Erfolg angepackt.

Für die zurückgegebenen Berliner Museumsschätze war Morenz nun nicht mehr zuständig, und die Leipziger Leihgaben wurden in Berlin nicht mehr gebraucht. Zusammen mit ihnen kehrten aber nach Leipzig auch die verloren geglaubten Altbestände zurück, die aus Mutzschen nach der Sowjetunion transportiert worden waren. Die bedeutenden Kunstwerke eröffneten dem Museum große Horizonte und brachten ihm sogar eine zweite Assistentenstelle ein, die mit Dieter Müller besetzt wurde. Aber zugleich ergaben sich neue, schwere Probleme. Die Ausstellungshalle in der Schillerstraße wurde nun für Dutzende russischer Kisten gebraucht, die von der Assistentin Christa Kriesel und dem Restaurator Horst Etzoldt aus- und nach einer ersten Überprüfung wieder eingepackt wurden, weil der Platz für eine angemessene Magazinierung fehlte. Das Museumsgut in Holzkisten offensichtlich russischer Provenienz war in Seidenpapier eingewickelt, mit Verpackungswatte, Zeitungen und Holzwolle nur unzureichend gesichert und daher oft beschädigt angekommen. Da auch Einzelstücke und ganze Fundgruppen aus dem Besitz der Berliner Museen und der Staatlichen Kunstsammlungen Dresden dazwischen geraten waren, ist sicher, dass sie in Russland neu verpackt worden waren; vielleicht ist auf ähnlichem Wege auch Leipziger Eigentum anderswohin gelangt, doch lässt sich das nicht mehr feststellen. Schriftliche Verzeichnisse und Zahlen sowie kyrillische Buchstaben auf einigen Ostraka zeigen, dass die Objekte am Aufbewahrungsort registriert worden sind, ursprünglich wohl zu dauerndem Verbleib, vorgesehen vielleicht für das geplante riesige „Trophäenmuseum" mit Kunstwerken aus aller Welt. Spuren der „sorgfältigen und durch die Kriegsfolgen erforderlichen Restaurierungsarbeiten", die die „sowjetische Militärleitung zur Überführung der geretteten Kulturgüter in die Sowjetunion"[9] veranlasst hatten, waren nicht an ihnen zu erkennen.

In Leipzig war jetzt der Zeitpunkt gekommen, alte Raumforderungen an die Universitätsleitung zugunsten des Museums zu erneuern, gestärkt durch das Argument, dem hochherzigen sozialistischen Brudervolk zu dankbarer Pflege der „geretteten" Kulturgüter verpflichtet zu sein. Mit einem Vortrag in der Öffentlichen Herbstsitzung der Sächsischen Akademie der Wissenschaften machte Morenz das Leipziger Publikum schon am 15. November 1958 mit den zurückgewonnenen Kunstschätzen bekannt und schloss mit der moderaten Bitte, es sollten doch für sie „im 17. Nachkriegsjahr (*gemeint ist wohl 12.*) ein paar bescheidene ... Räume verfügbar gemacht werden." Vergeblich. Genau zehn Jahre später musste er seinen Appell *coram publico* wiederholen, als er, extra aus Basel herbeigekommen, in der Leipziger CDU-Buchhandlung „Wort und Werk" am Markt die kleine Sonderausstellung „Ägypten und Griechenland" eröffnete, in der das Ägyptologische und das Archäologische Institut Glanzstücke aus ihren magazinierten Beständen zeigten. Trotz freudiger Resonanz in der Presse und bei der Bevölkerung fand der Appell auch diesmal kein Gehör. Doch in dem Konzept

9 So Firchow, Plastik, S. 11 im Stil der offiziellen ruhmredigen Rhetorik.

einer Gesamtrenovierung des Gebäudekomplexes in der Schillerstraße, die 1969 begann und bis 1975 dauerte, waren die rechte Erdgeschosshälfte und ein Raum des Magazingassentrakts für die Ausstellung und mehrere Kellerräume für Werkstatt und Magazine des Ägyptischen Museums vorgesehen. Freilich hat Morenz, soviel ich weiß, nie etwas von diesen Plänen erfahren.

Wenige Wochen nach seinem Tod im Januar 1970 wurden die ägyptologischen Arbeitsplätze und Bibliotheksbestände in die dritte Etage verlegt, damit die bisherigen Arbeits- und Museumsräume im Erdgeschoß für den Einzug des Museums vorbereitet werden konnten. Als das Institut drei Jahre später ins Parterre zurückkehrte, mussten die (wenig begeisterten) Ethnologen uns einige ihrer Büros auf der linken Seite des Treppenhauses abgeben, und wir konnten beginnen, gegenüber, in dem künftigen Museumsareal, unsere Bestände auszubreiten, zu sichten und die Dauerausstellung zu planen. Wir hatten Glück gehabt. Das Antikenmuseum hat noch bis 1994 auf seine Chance gewartet.

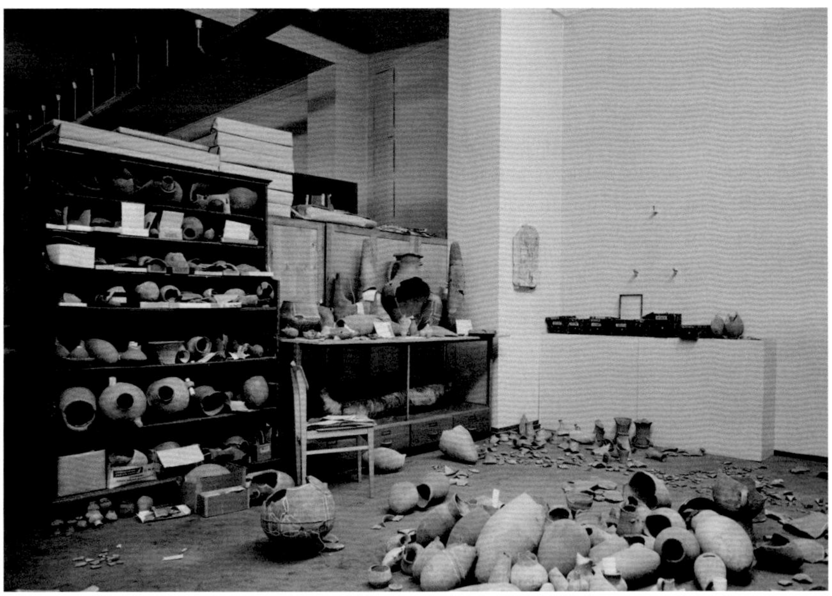

Ausstellungshalle Schillerstraße 6
Ordnung der Keramikbestände 1971/72. Foto: ÄMULA Fotothek

Ich muss, so leid es mir tut, gestehen, dass es nicht unsere Eigeninitiative war, durch die das Schiff an Fahrt gewann. Der Rektor der Universität, der Agrarökonom Gerhard Winkler, der die Gebäude Schillerstraße 5 und 6 vor allem für seine eigene Fakultät großzügig instand setzen ließ, hatte sich an den dienstfreien Werktagen zwischen Weihnachten und Silvester 1970 im Haus aufgehalten und war hoch erstaunt, den Restaurator Etzoldt und die Chefin der Ägyptologen, als die ich seit Morenz' Tod amtierte, gleichfalls dort vorzufinden. Als „Mann von schnellen Entschlüssen" wünschte er spontan, Räumlichkeiten, ausgepacktes Museumsgut und Ausstellungspläne zu sehen, und verfügte, dass wir schon bald, und zwar Jahre vor dem geplanten Ende des gesamten Umbaus, der Öffentlichkeit ausgewählte Schätze zeigen und sie auf das neue Museum einstimmen sollten.

Das Ergebnis waren vier „Studioausstellungen" auf etwa einem Viertel der späteren Ausstellungsfläche im Erdgeschoss. Ungeachtet ihrer etwas hausbackenen Titel „Zeugnisse altägyptischer Handwerkskunst" (1971), „Totenwesen und Mumifizierung" (1972), „Hieroglyphen – enträtseltes Geheimnis" (1973) und „Das Tier in der Kultur des alten Ägypten" (1974) waren diese und zwei weitere Ausstellungen in den Schlossmuseen von Merseburg und Schmalkalden (1972, 1974) höchst erfolgreich bei dem Publikum, das mit altägyptischer Kultur nicht eben verwöhnt war, und wir Anfänger lernten eine Menge für den Aufbau der Dauerausstellung, mit dessen Vorbereitung gleichzeitig begonnen wurde.

Die dafür erforderlichen Investitionen waren, auch nach damaligen Maßstäben, bescheiden. Sie wurden anstandslos von der Universität finanziert, Grundstücksverwaltung und Materialwirtschaft, Fuhrpark und Fotostelle sowie die zur Universität gehörigen Handwerker zu jeder Unterstützung bereitgestellt. Das Entscheidende freilich geschah im eigenen Haus, durch Geschicklichkeit und Vielseitigkeit des Restaurators, die wissenschaftlichen und gestalterischen Fähigkeiten der Kustodin Renate Krauspe und des Assistenten Frank Steinmann (an die Beteiligung professioneller Ausstellungsmacher war nicht zu denken!), dazu das jederzeit abrufbare Engagement der anderen Mitarbeiter. Der meines Wissens einzige größere Auftrag, der nach außen vergeben werden musste, waren die von zierlichen Stahlgestellen getragenen Vitrinen; es gehört zu den schmerzhaftesten Erinnerungen an diese Zeit, wie wir, mit gekrümmten Rücken unter den Glashauben kauernd, deren verschmiertes Innere putzten, ehe sie eingerichtet wurden.

Schon in dieser langen Vorbereitungsphase hat sich das Museum als Rettungsanker bewährt. Pläne – durch Indiskretion bekannt geworden –, dass die Bestände an die Berliner Museen abgetreten oder in Leipzig einzig von einem Restaurator und einigen Aufsichtskräften betreut werden sollten, wurden zu Makulatur. Vielmehr war das ägyptologische Potenzial inzwischen so hoch geschätzt, dass Lothar Rathmann, Professor für die Geschichte der arabischen Welt und Nachfolger Winklers im Rektorat, kurz nach seinem Amtsantritt und noch vor der Eröffnung Museum und Mannschaft aus der germanistisch-kulturwissenschaftlichen Sektion an seine eigene, die Sektion Afrika- und Nahostwissenschaften, versetzte. Geographisch waren wir nun mit unserer Fachrichtung am richtigen Ort, doch blieben wir auch hier ein Fremdkörper, denn aus Leipzigs klassischen Orientwissenschaften waren Regionalwissenschaften geworden, die „Auslandskader" mit politischer Fokussierung ausbildeten. Immerhin, unsere Arbeit wurde respektiert, weil den Fachleuten das Traditionsbewusstsein der Völker des Vorderen Orients bekannt war und die Pflege ihrer kulturellen Hinterlassenschaften ein Plus für die DDR in dem Wettlauf von West und Ost um Einflusssphären in der Dritten Welt bedeuten konnte. Daher erteilte auch die damalige Universitäts-Parteileitung der staatstragenden Sozialistischen Einheitspartei Deutschlands, der SED, dem Projekt ihren Segen.

Die Museumseröffnung am 12. Mai 1976, einem strahlenden Frühsommertag, geriet zu einem rauschenden Fest.[10] Rektoren und Sektionsdirektoren gaben sich die Ehre, der politische Tenor der Ansprachen beschränkte sich auf ein unerlässliches Minimum. Im Bachsaal des Musikinstrumenten-Museums musizierte die Capella Fidicinia muntere Studentenlieder von Johann Hermann Schein, der in Leipzig Jura studiert und von 1616 bis 1630 als Thomaskantor gewirkt hatte, sowie Festmotetten des Niederländers Guillaume Dufay zur Eröffnung des Florentiner Doms im Jahr 1436.

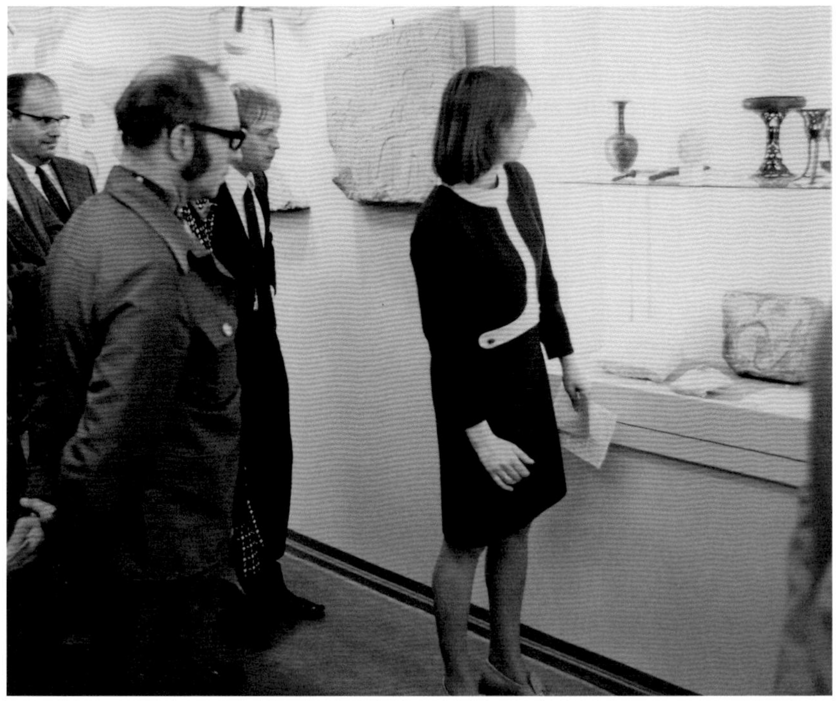

Ausstellung Schillerstraße 6
Wiedereröffnung des Museums am 12. Mai 1976. Im Vordergrund Angela Onasch. Foto: ÄMULA Fotothek

10 S. u. Anhang, Dokument 4.1: Ansprache zur Eröffnung.

Hans Grüß, der Gründer und Leiter des damals noch hauseigenen Ensembles für alte Musik, hatte sie, wie er mir zuraunte, in der Absicht ausgewählt, der programmatisch nach Karl Marx benannten Universität die geistlichen Weihegesänge subversiv entgegen zu setzen, deren Latein wohl kaum Allgemeingut der Hörer war. Die neue Ausstellung, die noch gerade im Morgengrauen fertig geworden war, stieß auf allseitige Begeisterung. Abends gab es einen opulenten Empfang des Rektors und am nächsten Tag eine kleine wissenschaftliche Konferenz in dem prächtigen neubarocken Senatssaal in der Ritterstraße, auf der Fachkollegen und -nachbarn aus Leipzig, Berlin und Halle und aus den Ostblockstaaten Tschechoslowakei, Polen, Ungarn und Sowjetunion ihre Arbeitsgebiete vorstellten. Ägyptologen aus der „BRD", der Bundesrepublik Deutschland, konnte die Universitätsleitung mit Rücksicht auf die Staatsräson der „Abgrenzung" zwischen den beiden deutschen Staaten im Kalten Krieg nicht zulassen, doch hatte sie erlaubt, dass Erik Hornung, Morenz' Nachfolger auf dem Basler Lehrstuhl, und seine Assistentin Elisabeth Staehelin eingeladen wurden und von ihren Forschungen berichteten.

III Tor zur Welt

Die Existenz der Leipziger Ägyptologie war nun gesichert; jetzt galt es, unablässig ihre Existenzberechtigung zu beweisen, denn die genuine Aufgabe eines Universitätsinstituts, Studierende auszubilden, war ihr aus wissenschaftspolitischen Gründen versagt worden. Nachdem die letzte Morenz-Generation ihr Studium abgeschlossen hatte, legitimierte allein das Museum ihr Bleiberecht. Die Bereitschaft, sich mit aller Kraft dafür zu engagieren, war schon am Eröffnungstag gefordert, als sich wie aus heiterem Himmel herausstellte, dass die Sicherheit der Räume mit ihren großen Fenstern hin zur Schillerstraße nicht gewährleistet war. Bis eine Alarmanlage eingebaut werden konnte, sollten vier Wochen vergehen. So lange nächtigten die Mitarbeiter umschichtig auf einem ungemütlichen Feldbett in der Ausstellungshalle, symbolisch mit einem Eisenknüppel bewehrt und durch ein Telefon mit dem Wachdienst der Universität verbunden. Aber auch als schließlich ein Warnsystem installiert war, hatte das Abenteuer kein Ende, denn die Technik war hypersensibel und registrierte jede noch so geringe Erschütterung. Die Polizei wurde alarmiert, holte den jeweils Diensthabenden nachts von zu Hause ab und überließ ihn, nachdem wieder einmal ein Fehlalarm konstatiert worden war, einem ungewissen Schicksal, denn zu nächtlicher Stunde eine Straßenbahn oder gar ein Taxi für den Rückweg aufzutreiben, war fast unmöglich. Schließlich übernahm der Restaurator die meisten Dienste, da er über ein eigenes Auto verfügte. „Und tanzt auch nur eine Schabe Ballett, / die Anlage hört's und ruft ihn aus dem Bett", spotteten die dankbaren Kollegen.

Eine andere wenig vergnügliche Ergänzung des Arbeitsalltags ergab sich, als die altbewährte Reinigungsfrau in den Ruhestand ging und kein Ersatz zu beschaffen war. Nun sahen sich die Mitarbeiter genötigt, ihre eigenen Arbeitsbereiche eigenhändig zu säubern und im Notfall die drei Aufsichtskräfte mit ihren 300 Quadratmetern täglich zu bewältigender Ausstellungsfläche zu unterstützen. Wir taten es, nicht ohne Murren über die Mangelwirtschaft des Staates, aber ohne falschen Dünkel. Die Mühsal erschien uns als der Preis dafür, dass wir eine Arbeit tun konnten, die wir liebten.

Diese Arbeit hatte für jeden von uns andere Facetten und war durchaus nicht auf das Museum beschränkt, doch waren alle gleichermaßen der Aufgabe verpflichtet, das Alte Ägypten dem Publikum nahe zu bringen. Außer den regelmäßig angebotenen Führungen für Erwachsene und Kinder wurden Termine mit Schulklassen, Gruppen von Behinderten und – wichtig für die Statistik – mit „Betriebskollektiven" verabredet, die ein Kulturprogramm absolvieren mussten, um den mit Vergünstigungen verbundenen Titel „Kollektiv der sozialistischen Arbeit" zu „erkämpfen". In diesem Fall bestand die Herausforderung darin, wenigstens bei einigen von den nach einem anstrengenden Werktag übermüdeten und wenig motivierten „Werktätigen" Interesse an unserer Sache zu wecken.

Parallel zu der Öffentlichkeitsarbeit wurde die wissenschaftliche Untersuchung der Bestände fortgesetzt: Sie wurden sukzessive restauriert, in Sachgruppen geordnet und zur Bearbeitung auf die Mitarbeiter verteilt. Dies sollte zunächst nach dem in internationaler Zusammenarbeit entworfenen und auf der Berliner Museumsinsel favorisierten Modell des Loseblattkatalogs „*Corpus Antiquitatum Aegyptiacarum (CAA)*" geschehen, das wir allerdings als für Leipzig ungeeignet bald aufgaben. Die ersten drei der stattdessen im klassischen Buchformat konzipierten „Kataloge Ägyptischer Sammlungen in Leipzig" (Plastik, Tongefäße, Coptica) sind erst nach 1989 erschienen. Denn aus wirtschaftlichen, technischen und politischen Gründen war es nicht leicht, anspruchsvolle wissenschaftliche Literatur in der DDR zu produzieren und zu publizieren; vor allem die Qualität der Abbildungen hielt der internationalen Konkurrenz nicht stand.

Schon 1960 war, eingeleitet von Morenz, ein von Horst Etzoldt bebildertes Bändchen über die Museumsbestände herausgekommen, das schnell vergriffen war, aber nicht wieder aufgelegt werden durfte, weil Dieter Müller, der Verfasser des Textes, inzwischen die DDR illegal verlassen hatte. Erst mit der Museumseröffnung, zu der dank persönlicher Beziehungen zu der Druckerei „VEB Papierverarbeitung" ein Ausstellungsführer pünktlich vorlag, konnten wir Postkarten, Faltblätter und kleinere Schriften zur ägyptischen Kultur und zu Beständen und Geschichte des Museums herausbringen und uns an Sammelbänden zum Kunstbesitz der Universität beteiligen. Angesichts des Mangels an populärwissenschaftlicher Literatur

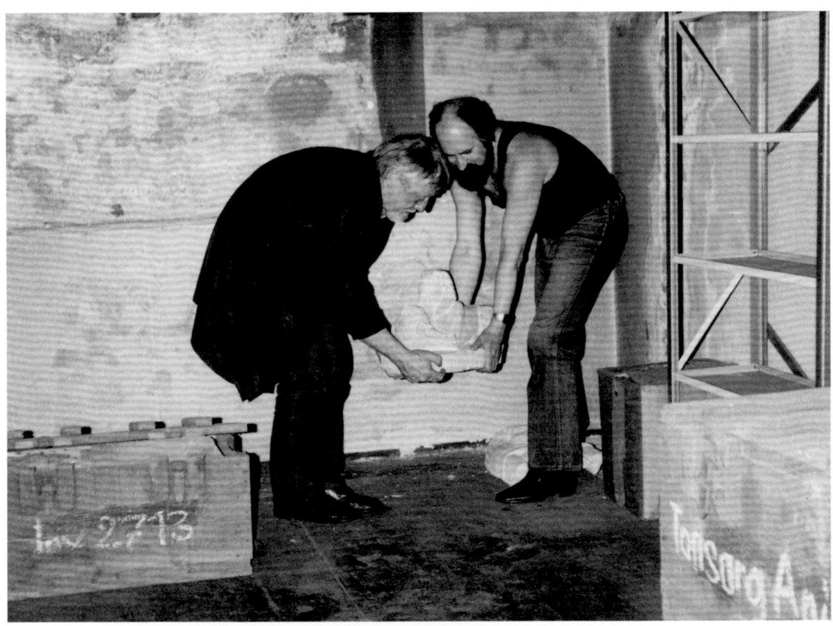

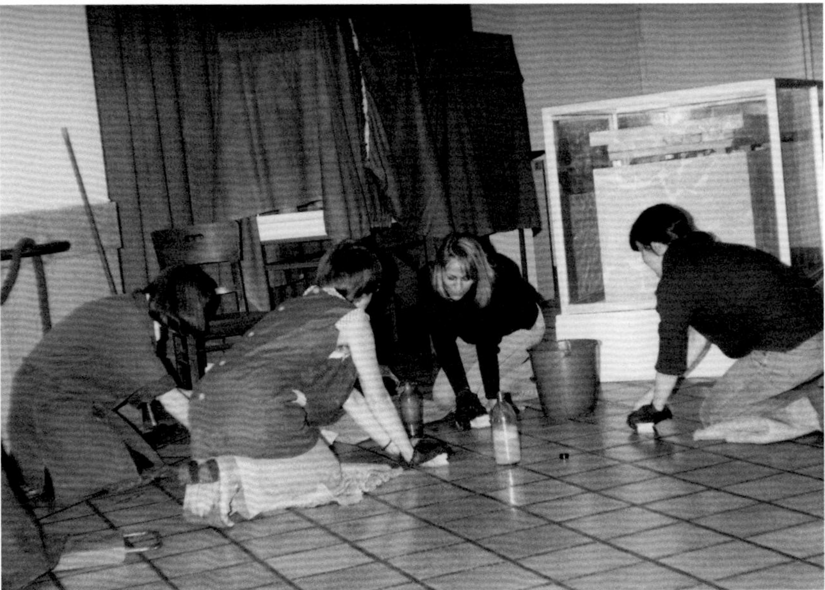

Horst Etzoldt und Frank Steinmann beräumen des behelfsmäßige Kellermagazin in der Schillerstraße 6 & „Reinigungsbrigade“ in der Ausstellungshalle des Museums (von links nach rechts: Elke Blumenthal, Angela Onasch, Renate Krauspe und Kerstin Seidel, 1986.
Foto: ÄMULA Fotothek

zum Alten Ägypten fand alles Gedruckte regen Absatz. So wuchsen Bekanntheit und Beliebtheit des Museums, und bald war es aus dem städtischen Leben nicht mehr wegzudenken. Auch die Fachwelt wurde sich der Bedeutung der Leipziger Sammlung jetzt erstmals bewusst, von der bisher allenfalls Einzelstücke bekannt gewesen waren.

Das war eine erfreuliche Entwicklung, doch ist sie mit der vollmundigen Bezeichnung „Tor zur Welt“ schwer zu vereinbaren. Dass dieses Epitheton, wenn auch auf niedrigem Niveau, dennoch zutrifft, lässt sich nur aus dem politischen Kontext erklären. Vor allem nach dem Bau der Berliner Mauer 1961 waren internationale Kontakte radikal reduziert und weitgehend unterbunden worden. Die DDR schirmte sich, vor allem gegen den Westen, hermetisch ab und zwang die Mehrzahl ihrer Bürger, sich dem zu unterwerfen. Private briefliche Kommunikation wurde überwacht und ebenso der Telefonverkehr, der überdies technisch fast unmöglich gemacht wurde; Besuchsreisen bedurften besonderer Genehmigung und waren jahrzehntelang nur von West nach Ost zugelassen. Wirtschaft, Handel, Militär, Recht, Verwaltung und Kultur waren in allen Außenbeziehungen aufs strengste reglementiert und abgeschottet; die Kontrolle wurde einerseits von dem Staatsapparat, andererseits von der Staatspartei SED ausgeübt, der dafür der Staatssicherheitsdienst zu Gebote stand. Je nach politischer Wetterlage wurde das Herrschaftsinstrument Abgrenzung zu verschiedenen Zeiten und auch im innerstaatlichen Betrieb unterschiedlich streng gehandhabt; in den Institutionen beispielsweise, die dem Ministerium für Kultur (MfK) unterstanden, ging es gemeinhin liberaler zu als an den Universitäten und Hochschulen, wo die Eliten der sozialistischen Gesellschaft linientreu ausgebildet werden sollten. Selbst innerhalb ein und derselben Institution wurden die Vorschriften nicht immer einheitlich ausgelegt, was teils sachliche Gründe hatte, aber auch dem Freimut einiger verantwortlicher Funktionäre verdankt wurde. Wir jedenfalls machten die Erfahrung, dass wir an der weltläufigen Sektion Afrika- und Nahostwissenschaften (ANW) in ein vergleichsweise mildes Klima geraten waren.

Erst im Rückblick ist mir klar geworden, dass es die „staatliche“, d.h. universitäre Leitung (so bezeichnet in Abgrenzung von der „Parteileitung“), gerade weil sie uns wohlwollend entgegen kam, nicht ganz leicht hatte, ihre Ägyptologen zu integrieren, die sich in fast jeder Hinsicht von den anderen „Lehr- und Forschungsbereichen (LFB)“ der Sektion unterschieden. Nach unserem Selbstverständnis stellte uns das Museum die Aufgabe, die materiellen Zeugnisse der antiken ägyptischen Kultur zu erhalten, zu erforschen und der Fachwelt ebenso wie der Öffentlichkeit bekannt zu machen. Auch wenn diese Kultur im geographischen Einzugsbereich der Entwicklungsländerwissenschaften lag, so war sie doch mit deren Arbeitsweisen und Zielen nicht zu erfassen. Die methodisch verwandten Klassischen Philologen und Archäologen hatten wir in der „Sektion Kulturwissenschaften und Germanistik“ zurückgelassen, die klassischen orientalistischen Disziplinen, denen wir zweifellos nahestanden, waren an unserer jetzigen Sektion auf ein Minimum reduziert.

Als weiteres Symptom unserer Andersartigkeit fiel ins Gewicht, dass wir fast alle „Nicht-Genossen“ waren, das heißt, der SED nicht angehörten und nicht einmal die Mitgliedschaft in einer der *pro forma* liberaleren „Blockparteien“ aufzuweisen hatten. Parteilosigkeit musste zwar nicht bei jedem Staatsbürger grundsätzliche politische Gegnerschaft bedeuten, ließ aber doch Distanz zur Politik der Regierung vermuten und war an einer sozialistischen Universität und namentlich an einer politisch ausgerichteten Ausbildungs- und Forschungseinrichtung die Ausnahme. Diese Sondersituation brachte auch organisatorische Probleme mit sich, weil von den gleichzeitig regierenden Autoritäten Parteileitung und staatliche Leitung formell nur die zweite für uns zuständig war, obwohl wir von den Beschlüssen und Maßnahmen der ersten meist ebenso betroffen waren wie die Genossen Parteimitglieder. Das wirkte sich praktisch so aus, dass ich an den Sitzungen der Fachbereichsleiter teilzunehmen hatte, deren fachgebundene Themen uns häufig nicht betrafen, aber nicht an denen der Parteigremien, die prinzipiell die Richtung für alle, auch für die Nicht-Organisierten, vorgaben. Das, was uns wirklich anging, wurde uns daher oft direkt von dem Sektionsdirektor der ANW mitgeteilt und schuf einen Sonderstatus, der von manchen beargwöhnt wurde. Mit spürbarem Missfallen spricht beispielsweise ein „Inoffizieller Mitarbeiter (IM)“ der Stasi in einem seiner schriftlichen Berichte über mich von einem Verhältnis der „Vertraulichkeit“ zwischen Sektionsleitung und Ägyptologen und von deren besonderer Unterstützung von Seiten des Rektors. Gelegentlich konnten wir bemerken, dass uns die Vorgesetzten gegen Verdächtigungen und Angriffe aus den Reihen der Linientreuen verteidigten. Aber erst jetzt, etwa 30 Jahre später, erfahre ich, dass es, wie schon nach Morenz’ Tod, während der 1980er Jahre in der Parteileitung der Universität Bestrebungen gab, das Museum nach Berlin zu transferieren, nicht zuletzt um sich meiner unliebsamen Person zu entledigen, und dass einigen, die sich schützend vor uns gestellt hatten, disziplinarische Konsequenzen angedroht worden waren.

Von solchen Konflikten ahnten wir nichts, da wir uns selbst als permanent bedroht ansahen und „die anderen“ (fälschlich) als homogenen Block auf der sicheren Seite der Macht betrachteten und fürchteten. Dass die Lage weit komplizierter war, sollten wir erst sukzessive erfahren.

An die „Fachgruppe Altorientalistik“, in der quer zur Struktur der regional organisierten, gegenwartsbezogenen Lehr- und Forschungsbereiche die historischen Disziplinen der Afrika-, Südasien- und Nahostwissenschaften zusammengefasst waren, war bald nach der Museumseröffnung der Auftrag ergangen, die Geschichte der in ihr versammelten Fächer in einer „Kollektivpublikation“ über „Progressive Traditionen der Orientalistik an der Universität Leipzig“ darzustellen und in der Wissenschaftlichen Zeitschrift der Universität zu publizieren. Autoren waren die letzten verbliebenen Vertreter der klassischen orientalistischen Fachrichtungen, Sinologie,

Tibetologie, Mongolistik, Indologie, Keilschriftwissenschaften, Arabistik, Turkologie, Ägyptologie und Afrikanistik, in denen Leipzig bis zum Dritten Reich an der Weltspitze gestanden hatte, die aber jetzt meist aus einer Person bestanden. Der Einleitung zu dem 1979 erschienenen Band[11] zufolge waren sie im Zeichen „marxistisch-leninistischer Parteilichkeit und damit der historischen Gerechtigkeit" angetreten und hatten sich untereinander so abgestimmt, dass „hinter allen zum Ausdruck gebrachten Auffassungen und Einschätzungen die Meinung eines Kollektivs" stand und „unsere Gemeinschaftsarbeit ... eine erstmalige komplexe und marxistisch-leninistisch fundierte Einschätzung der Geschichte der Orientalistik an einer Universität der DDR" darstellte. Ein Blick in die etwa 150 Seiten umfassende Publikation verrät, dass dies keineswegs immer der Fall war, dass nur einige Aufsätze dem ideologischen Postulat genügten und die geltende *political correctness*, der „Klassenstandpunkt", in durchaus unterschiedlichem Grade vertreten war. Was diesen Klassenstandpunkt ausmachte, zeigt sich nicht nur in den hier zitierten phraseologischen Klischees, sondern auch in der Auswahl und Wertung der Fakten. Ein Beispiel möge genügen: In der Einleitung des als wissenschaftlicher Redakteur firmierenden Herausgebers Klaus Mylius und im Geleitwort des Rektors Lothar Rathmann wird die schikanöse Behandlung des zum Marxismus und dem „Kampf der Arbeiterklasse" bekehrten Sinologen Eduard Erkes im Dritten Reich emphatisch hervorgehoben, aber Demütigung, Vertreibung und Emigration der beiden jüdischen Orientalisten – außer Georg Steindorff war der Assyriologe Benno Landsberger betroffen – war den Autoren keine Zeile wert. Es war die Zeit, in der die offizielle Geschichtsschreibung der DDR die Verfolgung der Juden durch die Nazis totschwieg.

Mein eigener Beitrag unterscheidet sich vor allem dadurch von denen der anderen, dass ich nicht primär auf die wissenschaftlichen Leistungen der Fachvertreter eingegangen bin, sondern auf bereits publizierte Würdigungen verwiesen und stattdessen ihre Verdienste um den Aufbau von Museum und Institut als Universitätseinrichtungen in den Fokus gerückt habe. Dieser in der Sonderstellung des Museums begründete Ansatz wurde anstandslos akzeptiert, das offenkundige Fehlen einer marxistisch-leninistischen Fundierung hingegen nicht. Vielmehr beschwerte sich der Redakteur bei der Sektionsleitung über meine Inklination zum „Klassenfeind", das heißt in diesem Kontext: der westdeutschen Geschichtsschreibung. Um den Eklat zu begrenzen, wurde der stellvertretende Sektionsdirektor[12] als Moderator bestellt. In einer eigens einberufenen Fachgruppensitzung ließ er sich die Anklagen Punkt für Punkt vortragen, die sich nach meiner Erinnerung vor allem auf Abweichungen vom herrschenden Sprachgebrauch konzentrierten; beispielsweise hatte ich den Terminus „Nationalsozialismus" benutzt, aber: „Wir sagen Faschismus!", und hatte von „Bombenangriffen" auf Leip-

11 Mylius, Progressive Traditionen; zitierte Stellen S. 6, 10, 12.

12 Helmut Nimschowski.

zig gesprochen, ohne das obligatorische, feindselig konnotierte Attribut „anglo-amerikanisch“ hinzuzufügen. Auch hatte ich den Abtransport von Kunstschätzen ostdeutscher Museen und Bibliotheken durch die Rote Armee nach dem Ende des Zweiten Weltkriegs nicht mit der gebotenen Emphase als Rettungsaktion und die Rückgabe von Teilen dieser Bestände, „die von sowjetischen Soldaten, nicht selten unter Einsatz ihres Lebens, gerettet und geborgen wurden,“ nicht als „eine Tat für das ganze deutsche Volk“ gefeiert, die „die Herzen aller Patrioten und Kunstfreunde hat höher schlagen lassen,“ wie es 1958 im Vorwort zu dem Ausstellungskatalog der Berliner Rückgaben hieß.[13] Schon damals hätte ich mit dem bis heute umstrittenen und instrumentalisierten Thema „Beutekunst“ sachlicher und vorurteilsloser umgehen sollen. Handelt es sich doch um nichts anderes als die seit der Antike geübte „Kulturtechnik“ militärischer Sieger, die Kunstgüter der Besiegten zu zerstören oder sie sich anzueignen, um die geschlagenen Gegner zu demütigen und zugleich mit ihren Werten ihr Selbstbewusstsein zu beschädigen. Niemand wird diese von keinem modernen Kriegsrecht gedeckte Praxis gut heißen. Doch sollte man sich im konkreten Fall vor Augen halten, dass dem russischen Kunstabbau in Ostdeutschland die Kriegführung der deutschen Wehrmacht vorausgegangen war, die im eroberten Russland Unmengen von Kulturgut geraubt oder vernichtet hat und ausdrücklich von Hitler angewiesen worden war, nicht nur die Bevölkerung von Leningrad (heute wieder St. Petersburg) gnadenlos auszuhungern, sondern anschließend die Kunstmetropole durch Sprengungen dem Erdboden gleich zu machen.

Ob freilich eine solche abgewogene Betrachtung meine Kritiker überzeugt haben würde, wage ich zu bezweifeln. Bei der geforderten Überarbeitung meines Manuskripts habe ich versucht, mich mit maßvollen Kompromissen aus der Affäre zu ziehen, und keine weiteren Schwierigkeiten erlebt.

Ungeachtet dieser Erfahrungen habe ich in den folgenden Jahren gewagt, das umfangreiche Material, das ich in dem Sammelband nicht verwerten konnte, in einer monographischen Darstellung „Zur Geschichte des Ägyptischen Museums und des Ägyptologischen Instituts an der Universität Leipzig“ publizieren zu wollen, die mit dem Obertitel „Altes Ägypten in Leipzig“ 1981 tatsächlich als Universitätsveröffentlichung erschienen ist. Auch dieses Manuskript hatte, wie zu erwarten, der obrigkeitlichen Zensur nicht genügt. Der Wissenschaftliche Sekretär des Rektors[14] stellte die prinzipiell nicht unbillige Forderung, das Geschehen an der Universität stärker in das politische Zeitgeschehen einzubinden, was ich, als zu heikel, bewusst vermieden hatte. Auch sollte Kritik an der Universitätsverwaltung, zum Beispiel wegen der jahrelang verschleppten angemessenen Unterbringung des Ägyptischen Museums, zurückgenommen und der „Klassenstandpunkt“ erkennbar eingenommen werden. Dass das auch in der zweiten, überarbeiteten Fassung nicht gelungen war, stellte sich heraus, als das Rektorat einen

13 G. R. Meyer, in: Schätze der Weltkultur, S. 5.
14 Ingo Schönfelder.

Professor für Dialektischen und Historischen Materialismus[15] zuzog, der die Geschichtskommission der Universitäts-Parteileitung und die Arbeitsgruppe Universitätsgeschichte leitete. Der Experte war zwar voll des Lobes für die Ergebnisse meiner Quellenstudien, aber ebenso voll des Tadels wegen der ideologischen Schwächen des Textes. Das massivste Ärgernis bot das letzte Kapitel mit einem Ausblick auf die Nachkriegsgeschichte des Instituts, der Mitarbeiter und Studenten einschloss.[16] Hier wurde ersichtlich, dass ein erheblicher Teil von Morenz' Schüler- und Mitarbeiterschaft die DDR zwischen 1958 und 1961 verlassen hatte, als noch keine Mauer den Osten vom Westen Berlins trennte und dieses letzte Schlupfloch in der Grenze zwischen den beiden Deutschlands noch offen stand.

Der Grund für den massenweisen Auszug von Akademikern in diesen Jahren waren die Repressionen, mit denen die sozialistische Umgestaltung der Universitäten erzwungen werden sollte. Die „bürgerlichen", das heißt nicht-marxistischen Kräfte des Lehrkörpers wurden systematisch diskriminiert und ihre beruflichen Perspektiven zerstört, die Studenten unter straffem weltanschaulichem Druck weitgehend gleichgeschaltet. Diese Maßnahmen zu billigen und die berüchtigte Republikflucht meiner ehemaligen Lehrer und Kommilitonen zu verurteilen, hatte ich nicht vermocht, sondern mich auf einen sachlichen Berichtsstil zurückgezogen und Wertungen weitgehend ausgespart. In demselben nüchternen Stil, der ihre tatsächliche Strahlkraft durchaus untertrieb, hatte ich auch die Insel des freien Denkens und Forschens beschrieben, auf der Morenz seine Schüler und junge Wissenschaftler aus Nachbardisziplinen um sich geschart hatte. Bedenkt man, welch heikle Situation im weltpolitischen Ost-West-Verhältnis die DDR-Regierung und die hinter ihr stehende Sowjetmacht mit dem unerwarteten Mauerbau am 13. August 1961 ausgelöst hatten, musste vieles, was Morenz in dieser Zeit getan hatte, widersprüchlich, ja provokativ erscheinen. Einigen seiner Schüler hatte er dank seiner Beziehungen die Wege in Westdeutschland geebnet, den im Osten Zurückgebliebenen in seinem Institut Zuflucht gewährt. Er war im Herbst 1961 der ehrenvollen Berufung auf den ägyptologischen Lehrstuhl nach Basel gefolgt, jedoch nicht auf Nimmerwiedersehen hinter dem Eisernen Vorhang verschwunden, sondern hatte die Genehmigung erzwungen, das Leipziger Institut und dessen Studenten in den schweizerischen Semesterferien weiterhin zu betreuen. Kurz: Er hatte sich nicht eindeutig für eine der beiden politischen Hemisphären entschieden, was nicht in das binäre Weltbild der ostdeutschen Nomenklatura passte und ihr – und vermutlich

15 Gottfried Handel.

16 Morenz' weiterer Schülerkreis aus unterschiedlichen Fachrichtungen: Ilse Becher, Herbert Donner, Reinhard Grieshammer, Siegfried Herrmann, Martin Krause, Peter Nagel, Joachim Oelsner, Johannes Renger, Kurt Rudolph, Rolf Tanner, Ulrich Unger u.a.; vor dem Bau der Berliner Mauer 1961 in die BRD übergesiedelte Mitarbeiter Reingart Unger, Christa und Dieter Müller, der Hauptfachstudent Karl-Theodor Zauzich, aus dem weiteren Schülerkreis Herbert Donner, Reinhard Grieshammer, Martin Krause, Johannes Renger, Ulrich Unger nach 1961 Siegfried Herrmann, Kurt Rudolph.

auch manchem im Westen – unverständlich und unheimlich war. Dass ich nun versucht hatte, diese Vorgänge einigermaßen unparteiisch darzustellen, war für den Parteistrategen unakzeptabel, und dennoch wollte er die Veröffentlichung nicht zu Fall bringen. So suchten wir nach Kompromissen und einigten uns schließlich darauf, die inkriminierten Personen und ihr Verhalten gänzlich wegzulassen und meinen Ausblick auf die Zeit von 1945 bis 1970 auf die Persönlichkeit von Morenz zu konzentrieren, über seine wissenschaftlichen Verdienste zu sprechen und hervorzuheben, dass er bewusst in seiner Heimatstadt geblieben und nach fünf Basler Jahren auf Dauer zurückgekehrt war und dass er sein grundsätzliches Bekenntnis zum Sozialismus (freilich in einem ganz eigenen Sinne) nie widerrufen hatte.

Es hatte mich beeindruckt, dass der Kritiker nach vielstündigem Ringen nicht von mir verlangt hat, ihm meine nächste Textfassung erneut zur Kontrolle vorzulegen, ehe sie in Druck ging, doch hat mich dieser Vertrauensvorschuss moralisch fester an unsere Abmachungen gebunden. Zu einem zweiten Gespräch ist es nicht mehr gekommen, und als ich Handel 1981 die fertige Arbeit überreichen wollte, war er bereits seit einem Jahr verstorben. An dem Wortlaut der geänderten Textstellen hätte er vielleicht keinen massiven Wortbruch, aber viele abgeschwächte, „versöhnlerische" Formulierungen zu beanstanden gehabt. Unversöhnliche Standpunkte zu Ereignissen wie der Aberkennung des Doktortitels, mit dem der Rat der Philosophischen Fakultät Morenz' einstigen Lehrbeauftragten Ulrich Unger am 7. Juli 1958 für seine Republikflucht „bestraft" hatte, waren ja dem Rotstift bereits zum Opfer gefallen.

Die damals wieder neu praktizierte Disziplinarmaßnahme der Aberkennung akademischer Grade hat die Geschicke des Ägyptischen Museums nur am Rande berührt. Trotzdem will ich hier kurz auf sie eingehen, da sie ein Nachbarfach direkt betroffen hat und die systematische Aufarbeitung für die DDR-Zeit noch aussteht.[17]

An der Universität Leipzig hat der nachträgliche Entzug des Doktortitels bis in die 20er Jahre des 20. Jahrhunderts eine untergeordnete Rolle gespielt, weil man sich damit begnügt hatte, nur schwere kriminelle oder moralische Delikte zu ahnden. Im Gefolge des Ersten Weltkriegs stellten sich Anzeichen dafür ein, dass er auch als politische Waffe im Sinne des deutschen Nationalismus benutzt wurde, aber erst die Nationalsozialisten verwendeten ihn im großen Stil, um ihren Einfluss in der Akademikerschaft durchzusetzen. Waren bisher einzelne Vergehen strafrechtlich untersucht worden, berief man sich im Dritten Reich auf das am 14. Juli 1933 eingeführte „Gesetz über den Widerruf von Einbürgerungen und die Aberkennung der deutschen Staatsangehörigkeit" und machte die Rasse- und Volkszugehörigkeit sowie politische und religiöse Überzeugungen, also die Person in ihrer Gesamtheit, zum Kriterium für die „Würdigkeit", einen akademischen Titel zu tragen. Anfangs wurde das Verfahren wohl

17 Vgl. zum Folgenden Blecher/Wiemers, „... durch sein Verhalten"; Blecher, Graduierungen.

noch willkürlich gehandhabt; Steindorff jedenfalls erhielt anlässlich seines 50jährigen Doktorjubiläums zum 6. August 1934 eine Urkunde der Göttinger Universität, die „dem vielseitigen Gelehrten, der des Landes Aegypten und seiner Denkmäler bester Kenner wurde, seine Sprache und Kultur lebensvoll behandelte und ihr auf deutschem Boden eine vorbildliche Forschungsstätte schuf" das Doktordiplom vom 6. August 1884 erneuerte.[18] Doch mit der wachsenden Zahl der Auswanderungen und Vertreibungen, der politischen Prozesse und Aberkennungen der bürgerlichen Ehrenrechte schnellte die Zahl der Betroffenen in die Höhe, die Praxis wurde immer pauschaler und beschränkte sich schließlich darauf, die „Unwürdigen" aus den Promotionsbüchern zu streichen. Für die Jahre 1937 bis 1944 konnten allein in Leipzig 174 Männer und Frauen ermittelt werden, die meisten, weil sie ausgebürgert worden waren.[19]

Der Verlust des Doktortitels war nicht nur demütigend, sondern minderte auch die Chancen eines beruflichen Neuanfangs im Ausland, falls an einen solchen überhaupt zu denken war. Die vielen, die verhaftet und spurlos in Lager verschleppt wurden, hatten keine Möglichkeit mehr, von einstigen universitären Würden Gebrauch zu machen. Dasselbe gilt für die bisher fast übersehene Gruppe der Homosexuellen, die als Straftäter nach § 175 StGB kriminalisiert und verfolgt wurden und mit ihren bürgerlichen Ehrenrechten auch ihre akademischen Grade verloren hatten; sie mussten noch lange nach dem Ende der Hitlerzeit um ihre Rehabilitation kämpfen. In einer Ausstellung, die Gleichstellungsreferat und Universitätsarchiv im Sommer 2017 in der Universität gezeigt haben, wurden für Leipzig die Schicksale von sieben betroffenen Männern dokumentiert. Nur einer von ihnen hat nachträglich eine Entschädigung erhalten.[20]

Die große Zahl der anderen, zunächst noch weitgehend anonymen Opfer ist im Zuge der politischen Neuorientierung nach der Friedlichen Revolution bereits im Juni 1990 dadurch gewürdigt worden, dass der Akademische Senat der Universität den Rektor beauftragte, sie für das erlittene Unrecht um Entschuldigung zu bitten; später wurden auch die Namen der 174 Betroffenen ermittelt, auf der Webseite des Universitätsarchivs veröffentlicht und teilweise im Ehrenbuch der Universität verzeichnet.[21] Im Juli 2001 wurde den „aus politischen, rassenideologischen und Glaubensgründen" degradierten ehemaligen Mitgliedern der Universität oder ihren Angehörigen angeboten, die Promotionsurkunden erneuern zu lassen, und die Juristenfakultät widmete 2007 ihren 73 „depromovierten" Doktoren ein persönliches Gedenken und eine eigene Veröffentlichung.[22]

18 ÄMULA NL Steindorff, Dokumente.

19 Aberkennung des Doktortitels https://www.archiv.uni-leipzig.de/geschichte/universitätsgeschichte (Stand 22.9.2017).

20 „Hier sollte Ihr Titel stehen".

21 Aberkennung des Doktortitels https://www.archiv.uni-leipzig.de/geschichte/universitätsgeschichte/ehrenbuch (Stand 22.9.2017).

22 Henne, Aberkennung.

Es schien mir nötig, auf diese Vorgeschichte etwas ausführlicher einzugehen, weil heutige Debatten über die Aberkennung von Titeln um ganz andere, eindeutig kriminelle Tatbestände kreisen, die unmittelbar mit der Dissertation zu tun haben wie der Kauf von akademischen Graden oder Plagiat, Missbrauch und Manipulation geistigen Eigentums. Dass auch die DDR das ursprünglich strafrechtliche Verfahren des Titelentzugs zu ideologischen Zwecken benutzte und mit ihren Kriterien unmittelbar an die Praxis des Nationalsozialismus anschloss, ist noch wenig bekannt und wegen des Datenschutzes vorläufig nur punktuell erforscht worden.

Das erste Exempel, das die Universität Leipzig an der Philosophischen Fakultät statuierte, betraf den Kunsthistoriker Heinz Ladendorf.[23] Als dieser sich nach monatelangen quälenden Auseinandersetzungen um seine Gesinnung und die politische Gleichschaltung seines Instituts in seiner persönlichen Sicherheit unmittelbar bedroht sah, war er am 8. März 1958 nach Westberlin geflohen, wohin ihm am selben Tag seine Frau mit den beiden jüngeren Töchtern und die älteste Tochter gefolgt waren. Bereits vier Tage später, am 12. März, beschloss der Fakultätsrat, Ladendorf auf der Grundlage der Passgesetze von 1954 und 1957, die Republikflucht zum Staatsverbrechen erklärt hatten, seinen 1935 in Leipzig erworbenen Doktortitel zu entziehen und gleichzeitig bei dem Staatssekretär für das Hoch- und Fachschulwesen den Entzug des Professorentitels (verliehen 1952) zu beantragen. Die Aberkennung wurde am 31. März ausgesprochen und der Deutschen Akademie der Wissenschaften zu Berlin, der Sächsischen Akademie der Wissenschaften zu Leipzig und 19 Philosophischen Fakultäten in Ost- und Westdeutschland mitgeteilt.

In derselben Sitzung, in der Ladendorf degradiert worden war, hatte der Fakultätsrat auch den 1956 verliehenen Doktorgrad des kunsthistorischen Oberassistenten Wolfgang Götz annulliert, der die DDR bereits am 15. Februar verlassen hatte. Von den 23 anwesenden Ratsmitgliedern wagten es vier, sich der Stimme zu enthalten: Ladendorfs engster Fachkollege, der Kunsthistoriker Johannes Jahn, die Altgermanistin Elisabeth Karg-Gasterstädt, der Prähistoriker Gerhard Mildenberger und der Indologe Friedrich Weller.[24]

Auch die Sächsische Akademie der Wissenschaften hat sich den universitären Beschlüssen nicht gefügt und Ladendorf und andere republikflüchtige Mitglieder nicht aus ihren Reihen ausgeschlossen, wie es zur Nazizeit den Juden geschehen war.[25] Sie begnügte sich, wie bei jedem Wegzug eines Mitglieds aus ihrem mitteldeutschen („sächsischen") Einzugsgebiet, mit einer formellen Umsetzung aus dem Status des Ordentlichen in den des Korrespondierenden Mitglieds.

23 Vgl. Blumenthal, Dem „Verräter"; Blecher, Graduierungen, S. 180–183.

24 Mitgeteilt von Feige, Nur „echte" Gegner, S. 2.

25 Vgl. Blumenthal, Ägyptologie, S. 527. Steindorff war dem durch einen „freiwilligen" Austritt zuvorgekommen; vgl. Blumenthal, Biografisches, S. 20.

Am Kunsthistorischen Institut löste Ladendorfs Weggang einen wahren Erdrutsch aus. Der Verlust des prägenden Lehrers und Forschers, die unwürdige Behandlung, die ihm widerfahren war, die repressiven Methoden, mit denen die Verbliebenen gezwungen wurden, sich von ihm zu distanzieren, und die ungewisse Zukunft veranlassten viele Studierende vor allem der älteren Semester, in den folgenden Monaten über das damals noch nach Westen offene Berlin die DDR zu verlassen. Den meisten gelang es, eine neue Existenzmöglichkeit in der Bundesrepublik zu finden, und Ladendorf, der rasch eine Professur in Köln erhalten hatte, war dabei nach Kräften behilflich.

Allerdings sollte der Abflug nicht allen Fluchtwilligen mühelos gelingen. Ladendorfs beiden in Leipzig verbliebenen Wissenschaftlichen Assistentinnen[26] waren die Personalausweise vorsorglich eingezogen worden, so dass sie nicht einmal nach Ostberlin hätten gelangen können. Beide waren politisch besonders belastet. Denn sie waren „Arbeiterkinder“ und 1947/1948 dazu ausersehen worden, in einem verkürzten Verfahren an der Leipziger „Vorstudienanstalt“, die Schüler ohne höheren Schulabschuss zur Hochschulreife führte, das Abitur abzulegen und sich die marxistisch-leninistische Ideologie zu eigen zu machen. So ausgerüstet, sollten sie studieren und danach als Angehörige der „wissenschaftlichen Intelligenz“ die Kultur des aufzubauenden sozialistischen Staates mitgestalten. Die beiden jungen Frauen hatten sich für ein Studium der Germanistik und Kunstgeschichte entschieden und fanden, angezogen von Ladendorfs inspirierender Persönlichkeit, bald im Kunsthistorischen Institut ihre geistige Heimat. Das freilich entsprach den in sie gesetzten „kaderpolitischen“ Erwartungen ganz und gar nicht und führte zu ihrem Ausschluss aus der SED, doch unter dem Schutz des damals noch mächtigen Professors durften sie die Assistentenstellen behalten, die sie nach dem Staatsexamen angetreten hatten. Für die totale Umgestaltung des Instituts nach Ladendorfs Weggang waren sie freilich nicht zu gebrauchen. Vermutlich deshalb gab man ihnen nach einiger Zeit ihre Personaldokumente zurück und ermöglichte ihnen dadurch, sich über Westberlin nach Köln aufzumachen.

Auch zwei Studierenden der jüngeren Semester[27] gelang die Flucht erst mit Verzögerung. Sie wurden auf der Bahnfahrt nach Berlin aufgegriffen und inhaftiert und nach vierwöchiger Untersuchungshaft in einem öffentlichen Prozess verurteilt, an dem wir verstörten, in einer „Seminargruppe“ organisierten Kommilitonen zur Abschreckung teilnehmen mussten. Die Urteile fielen glimpflich aus: ein halbes Jahr Freiheitsstrafe, teils im Strafvollzug, teils auf Bewährung. Die Delinquenten ließen sich davon nicht entmutigen. Kaum waren die Strafen verbüßt, wagten sie, diesmal unabhängig voneinander, einen zweiten Anlauf, und er gelang ihnen. Sie konnten ihre Ausbildung in Westdeutschland fortsetzen und sind, eben-

26 Irmgard Hiller, Marianne Prause.
27 Gudrun Calov, Joachim Hähnel.

so wie die beiden Assistentinnen, in ihren Forschungsgebieten anerkannte Fachleute geworden.

Ähnlich wie im Kunsthistorischen Institut unter Ladendorf hat sich 15 Jahre später auch im Ägyptologischen Institut die Erwartung der Hochschulpolitiker nicht erfüllt, mit der Immatrikulation einer Absolventin der inzwischen zur „Arbeiter- und Bauernfakultät (ABF)" aufgewerteten Vorstudienanstalt den regimekritischen Geist des Hauses zugunsten des gesellschaftlichen Fortschritts zu verändern. Die Studienbewerberin von 1961, die das Staatssekretariat für das Hoch- und Fachschulwesen vermittelt hatte,[28] wusste nichts von dieser Mission. Sie war kein „Arbeiterkind", sondern stammte aus dem Mittelstand, war aber als gelernte Goldschmiedin in der „handwerklichen Produktion" tätig gewesen und stand somit der „Arbeiterklasse" nahe. Auch war sie kein Parteimitglied, jedoch im Wesentlichen von der Friedenspolitik des sozialistischen Staates überzeugt, so, wie sie ihr in Schule und ABF vermittelt worden war. Kraft seiner Autorität fiel es Morenz nicht schwer, ihr seine eigenen, abweichenden Ideale eines christlich geprägten, friedlichen und freiheitlichen Sozialismus nahe zu bringen und sie in die Phalanx der antimarxistischen Jugend einzureihen, die er um sich geschart hatte.

Zurück in das Kunsthistorische Institut des Jahres 1958. Es waren dort tiefe Lücken entstanden, aber Johannes Jahn, der zweite Ordinarius, war geblieben und wurde zum Fels in der Brandung der kommenden Zeit. Er ermöglichte, dass die Institutsgeschäfte und der Studienbetrieb lückenlos fortgesetzt wurden, tolerierte aber als Pragmatiker auch, dass die frei gewordenen Stellen mit jüngeren Kräften besetzt wurden, deren auf den Marxismus-Leninismus gegründete wissenschaftliche und politische Ausrichtung nicht die seine war. Dass seine Kompromissbereitschaft klare Grenzen hatte, war schon bei dem Depromotionsbeschluss am 12. März 1958 erkennbar geworden, und auch ich, die ich damals Kunstgeschichte als erstes, Ägyptologie als zweites Hauptfach studierte, habe davon profitiert. Da ich nach Ladendorfs Flucht als einzige von den Studierenden die Unterschrift unter eine Protestresolution gegen ihn verweigert hatte, wurde ein Exmatrikulationsverfahren gegen mich eingeleitet, gegen das Jahn unter Verweis auf sein eigenes Votum im Fakultätsrat Verwahrung einlegte. Morenz war der Fakultätssitzung im März ferngeblieben, bot mir aber nun an, mich aus der heißen Kampfzone ideologischer Umerziehung, der die Kunstgeschichtsstudenten ausgesetzt waren, in sein windstilles Institut zu übernehmen. Nach einem Semester der Ungewissheit bewirkte die Intervention meiner beiden Lehrer, dass ich mein Studium fortsetzen durfte, jetzt aber in der umgekehrten Gewichtung mit Ägyptologie als erstem, Kunstgeschichte als zweitem Fach. Bereits bei Studienbeginn 1956 hatte ich mich auf den Rat einer der Assistentinnen im Kunsthistorischen Institut[29] als Hörerin bei

28 Elke Kindler.
29 Marianne Prause.

den Ägyptologen eingeschrieben, weil Morenz „so schön reaktionär"[30] sei, und im folgenden Jahr hatte er mich als Zweitfächlerin in seinen Kader eingegliedert. Es war also bereits das zweite Mal, dass keine wissenschaftlichen, sondern politische Entscheidungen meinen Weg in die Ägyptologie gelenkt haben, für den ich lebenslang dankbar geblieben bin.

Jahn war an der Universität bereits seit mehreren Jahren emeritiert, als ein anderes Ereignis seine Zivilcourage herausforderte. Nachdem bekannt geworden war, dass die im Krieg völlig intakt erhaltene Universitätskirche St. Pauli 1968 aus ideologischen Gründen gesprengt werden sollte, setzte er sich in einem Brief an den Volkskammerpräsidenten Johannes Dieckmann dagegen zur Wehr, was ihn seine Stellung als Direktor des städtischen Museums der Bildenden Künste kostete.[31] Morenz, der in dieser Zeit bereits von seinem Ordinariat an der Universität Basel zurückgekehrt war, hatte sich ebenfalls des in der DDR-Demokratie unüblichen Verfahrens bedient (und seine Mitarbeiter dazu angehalten), sich an den obersten Volksvertreter zu wenden, aber bei ihm blieben disziplinarische Folgen aus. Der Universitätskirche haben diese und viele andere Einsprüche nichts genützt; sie wurde am 30. Mai 1968 – einem wegen der Unruhe in der Bevölkerung vorverlegten Termin – gesprengt.

Als Ulrich Unger im Juli 1958 seines Dr. phil. verlustig ging, war das Depromotionsverfahren bereits institutionalisiert. Am 16. April hatte der Rat der Fakultät dem Antrag zugestimmt, „allen Personen, die seit Inkrafttreten des Passgesetzes am 11.12.1957 das Gebiet der DDR illegal verlassen haben, die akademischen Grade abzuerkennen und desgleichen die ehemaligen Absolventen aus der Absolventenliste zu streichen."[32] Wie schon im Dritten Reich war die Degradierung unliebsamer Personen von einem Rechtsakt zu einem bürokratischen Vorgang heruntergestuft worden. Der erstaunliche Befund, dass die Akten des weitgehend mit Akademikern besetzten Universitätspersonals zwar insgesamt 150 Meldungen von Republikflucht, aber nur zehn Depromotionen von Republikflüchtigen verzeichnen,[33] könnte sich daraus erklären, dass sich der aufwendige Weg über ein Aberkennungsverfahren erübrigt hatte oder nur noch in Einzelfällen beschritten wurde.

Am 29. Mai 1990, zweiunddreißig Jahre nachdem die Philosophische Fakultät die Institution der Depromotion wiederbelebt hatte, widerrief der Akademische Senat der Universität, die damals noch den Namen von Karl Marx trug, die Aberkennung des Doktorgrades von Heinz Ladendorf; am 7. Juni entschuldigte sich der Rektor Horst Hennig brieflich namens der Universität bei dem erkrankten 81jährigen in Köln für das erlittene Unrecht. Die Rehabilitation von Wolfgang Götz wurde unverzüglich von dem neuen,

30 Die im offiziellen Sprachgebrauch diskriminierende Bezeichnung war damals in Dissidentenkreisen der DDR ein Ehrentitel; vgl. Schulte, Literaturpapst, S. 107f.

31 Vgl. Topfstedt / Zöllner, Kunstgeschichte, S. 230.

32 Mitgeteilt von Feige, Nur „echte" Gegner, S. 2.

33 Blecher, Aberkennung, S. 181.

von der Landesregierung am 26. Juni eingesetzten Rektoratskollegium *ad interim* nachgeholt[34] und bewog den 67jährigen Saarbrücker Emeritus zu dem Bekenntnis, dass er noch „mit allen Fasern seines Herzens an der guten alten Leipziger Universität ... hängt“ und seine Ehrenrettung „eine späte Genugtuung und Zeichen dafür“ sei, dass „nun wieder die guten Kräfte frei wirken können, ... die ja über alle die Jahrzehnte immer vorhanden waren.“[35]

Dass es einmal so weit kommen könnte, hat keiner von uns geahnt, nicht, als wir die Turbulenzen der Dritten Hochschulreform erlitten, nicht, als wir unsere Erfahrungen mit ihren Folgen zwanzig Jahre später niederschrieben. Meine eigenen Skrupel wegen der Kompromisse und Konzessionen, die den mehrfachen Redaktionen meines „Altes Ägypten in Leipzig“ in einem Klima ständiger Ungewissheit ihren Stempel aufgedrückt hatten, sind auch nach den tiefgreifenden Umbrüchen von 1989 nicht überholt – die Frage nach der persönlichen Verantwortung bleibt. Es war eine Gratwanderung zwischen Zustimmung und Verweigerung, zwischen der Sorge um ein vertretbares Gleichgewicht der Loyalität gegenüber dem System, das die Vorgesetzten vertraten und das uns bei solider Pflichterfüllung den Fortbestand unserer Nische sicherte, und der Wahrhaftigkeit gegenüber eigenen Überzeugungen. Aber obwohl ich im Rückblick nicht mehr jedes unserer Zugeständnisse gutheißen würde, weiß ich doch, dass wir alles, worauf wir uns einließen, reiflich erwogen und schon damals manche Entscheidungen nur mit zwiespältigen Gefühlen getroffen haben. Dabei verlief die Zeit von der Wiedereröffnung des Museums 1976 bis zum Fall der Berliner Mauer 1989 ungleich entspannter als die 1950er und 1960er Jahre, in denen sich die Universitäten als Schauplätze des weltumspannenden „Klassenkampfes“ zwischen Kapitalismus und Sozialismus verstanden und alle Anzeichen einer „bürgerlichen“ Gesinnung in Lehre und Forschung unnachgiebig verfolgt wurden. Diese Auseinandersetzungen waren nun Vergangenheit; eine gewisse Großzügigkeit gegenüber den einstigen „Klassenfeinden“ konnte der an der Uni etablierten Staatsideologie nicht mehr ernsthaft schaden. Trotzdem war bei weitem nicht jeder Funktionsträger bereit, sie walten zu lassen.

Ich habe die politischen Bedingungen unserer Existenz so ausführlich dargestellt, weil das Ägyptische Museum nur vor diesem Hintergrund als „Tor zur Welt“ verstanden werden kann. Natürlich erschöpfte sich die Tätigkeit des „Bereichs Ägyptologie“, der aus Institut und Museum bestand, nicht in der Museumsarbeit, sondern es waren auch andere Aufgaben im akademischen Lehrbetrieb in Leipzig und an den Universitäten Berlin und Halle und vor allem in der Forschung zu erfüllen. Dass das Museum überhaupt ein Tor für eigene Auslandsbeziehungen sein konnte, um die es ja

34 Gerald Leutert, Gottfried Geiler, Günther Wartenberg; Prorektor Geiler hatte bereits zum 3. Juli eine Senatsvorlage von mir erbeten.

35 Aus einem Brief von Götz an mich, zitiert in meinem Schreiben an Rektor Leutert vom 17.09.1990.

hier gehen soll, war zunächst ein Erbe von Morenz, der international in der damals noch überschaubaren ägyptologischen *scientific community* vernetzt war und sich auch um Kontakte mit den Fachwissenschaftlern im Ostblock bemüht hatte. Die meisten von diesen Kontakten konnten von uns weitergeführt und ausgebaut werden, wenn auch von dem Direktorat für internationale Beziehungen der Universität kontrolliert. Dass wir dabei relativ selbständig blieben, war nicht zuletzt der unüblichen Struktur aus Institut und Museum zu verdanken, die ohne Sonderregelungen nicht auskam.

In der Regel ermöglicht ein Tor zwei Bewegungsrichtungen – die nach innen und die nach außen. Ich wende mich zunächst dem Museum als Einfallstor zu (was, wie in diesem Fall betont werden muss, die Tatsache einschließt, dass die Eingetretenen das Innere des Hauses auf demselben Wege wieder verlassen konnten).

Das Ägyptische Museum war ein öffentliches Museum, durfte also während der meist nachmittäglichen Öffnungszeiten von jedermann besichtigt werden. Außerhalb dieser Zeiten galten dieselben Bestimmungen wie für die gesamte Universität, dass Gäste aus dem Ausland (was immer auch die Bundesrepublik Deutschland einschloss, ja, sie vorrangig meinte) keinen Zutritt hatten, es sei denn, ihnen war gelungen, rechtzeitig höheren Orts eine Besuchserlaubnis für die Arbeitsräume der Angestellten zu erlangen.

Wie scharf die Einhaltung dieser Vorschriften überwacht wurde, sollten wir im März 1982 erfahren. Da hatte sich eine Gruppe von Heidelberger Ägyptologiestudenten in einem Telefonanruf in meiner Wohnung kurzfristig für eine Exkursion zur Leipziger Frühjahrsmesse angekündigt, für deren Besucher generell erleichterte Einreisebedingungen galten. Am Vortag suchte mich ein Angestellter der Universitätsverwaltung auf, erkundigte sich, ob die verschärften Sicherheitsvorschriften im Hinblick auf die bevorstehende bedrohliche Messezeit eingehalten würden, und fragte nach etwa zu erwartenden Gästen. Aus seinen Erkundigungen war zu ersehen, dass das Heidelberger Gespräch abgehört worden war. Also berichtete ich von der Absicht der westdeutschen Studenten und wurde ermahnt, ihre Anwesenheit auf Ausstellungsräume und Öffnungszeit des Museums zu beschränken. Wir mussten nun in Windeseile umplanen, den Imbiss zum Willkommen in die Wohnung einer Kollegin und die fachlichen und persönlichen Gespräche mit den übrigen Mitarbeitern auf den nachmittäglichen Museumsaufenthalt verlegen, so dass der Sicherheitsbeamte, der vor dem Haus patrouillierte, nichts zu beanstanden fand. Bei der Ausreise wurden die jungen Leute, die ihr Nachtquartier auf westlicher Seite in Grenznähe gebucht hatten, von den bereits aus Leipzig informierten ostdeutschen Grenzern hochnotpeinlich verhört. Ich meinerseits wurde nach einigen Tagen vom Sektionsdirektor[36] einbestellt, der mit höflichen Worten an meine Loyalität appellierte und mich bat, ihm in Zukunft derartige An-

36 Gert Kück.

fragen aus dem „Nicht-sozialistischen Währungsbereich (NSW)“ sofort zu melden und keine eigenmächtigen regelwidrigen Verabredungen zu treffen. Jahre später entnahm ich der Personalakte, die die Stasi über mich führte, dass es ein hochrangiger „Offizier (der Staatssicherheit) im besonderen Einsatz“, ein OibE, gewesen war, der mich im Vorfeld befragt und danach dem Sektionsdirektor nahe gelegt hatte, die „erste Leitungsebene“, d. h. Rektor und Universitäts-Parteileitung, über mein Vergehen zu informieren und disziplinarisch gegen mich vorzugehen. Dass nichts davon geschehen, sondern es bei einer kollegialen Ermahnung geblieben war, hatte ich der Großzügigkeit meines Chefs zu verdanken.

Manche Gäste aus der „freien Welt“ konnten die Einschränkungen im Besuchsverkehr nur schwer akzeptieren und lasteten sie nicht den übergeordneten Instanzen, sondern uns an, den Fachkollegen vor Ort, deren briefliche Erklärungsversuche der Zensur unterlagen, daher meist schwammig formuliert waren und den Empfängern unverständlich bleiben mussten. Ich entsinne mich der Empörung von Bernard V. Bothmer, Kurator der Altertümer im Brooklyn Museum, New York, als wir die Ankündigung seines Kommens zur Vorbereitung der Ausstellung *„Africa in Antiquity“* 1978 nicht mit heller Freude, sondern mit einer Fülle administrativer Rückfragen beantworteten. Wir konnten ihm doch nicht mitteilen, weshalb die Sicherheitsorgane der Universität ihm mit unsinniger Vorsicht entgegen sahen!

Bothmer hatte, vor allem wegen seiner dezidierten Gegnerschaft zu Hitler, seinen Posten am Berliner Ägyptischen Museum 1939 aufgegeben und war zunächst in die Schweiz und 1941 in die USA emigriert. Dort hatte er sich unverzüglich um Aufnahme in die US Army beworben, weil er aktiv am Kampf gegen Nazi-Deutschland teilnehmen wollte,[37] und hatte für das Office of War Information an einem deutsch-englischen Militärlexikon gearbeitet und 1944 die amerikanische Staatsbürgerschaft erlangt. 1946 verließ er die Armee, nachdem ihm eine Stelle als Assistent am Boston Museum of Fine Arts angeboten worden war. Diese Vorgeschichte genügte dem Staatssicherheitsdienst der DDR, in Bothmer noch Jahrzehnte später einen Agenten der amerikanischen Geheimdienste zu wittern. Zusätzlich belastete ihn, dass er von 1954 bis 1956 Direktor des American Research Center in Egypt gewesen war, des archäologischen Forschungsinstituts der Amerikaner in Kairo, das von der Stasi für eine Tarnorganisation des Auslandsgeheimdienstes CIA gehalten wurde.

Der Besuch des führenden ägyptologischen Kunstwissenschaftlers, der sich inzwischen mit den Rahmenbedingungen der DDR vertraut gemacht hatte, verlief in entspannter, vertrauensvoller Atmosphäre, und der wissenschaftliche Austausch mit dem erfahrenen Museumsmann war äußerst lehrreich. Später lockerten sich im Gefolge der internationalen Entspan-

37 Zum Zeichen seines Abscheus gegen sein Herkunftland verwandelte er den Anfangsbuchstaben seines deutschen Adelstitels „von“ in den Großbuchstaben „V.“, den er fortan nach der Sitte des Gastlands wie einen abgekürzten zweiten Vornamen trug.

nungspolitik zwischen Ost und West auch bei uns die Umgangsformen mit westlichen Staatsangehörigen; wir durften Kollegen aus dem Westen, die das Museum besuchten, sogar in den Diensträumen begrüßen unter der Bedingung, dass wir die Sektionsleitung von der Tatsache unterrichteten; in den Großraumbüros des benachbarten Universitäts-Hochhauses, in dem damals die Mehrzahl der Geistes- und Kulturwissenschaftler untergebracht war, wäre so viel Freizügigkeit nach wie vor undenkbar gewesen. Als uns 1985 gestattet wurde, uns bei der mineralogischen Bestimmung der Museumsbestände von den privat aus der besonders beargwöhnten Bundesrepublik einreisenden Münchner Kollegen Rosemarie und Dietrich Klemm beraten zu lassen und sie zu Vorträgen einzuladen, hatte bereits eine allgemeine außenpolitische Liberalisierung eingesetzt, die zuerst an wenig verfänglichen, aber kulturell repräsentativen Orten wie unserem Museum zu spüren war.

Dieses war inzwischen längst zu einem Schaufenster der Universität geworden, das nicht nur Besuchern aus der arabischen Welt, sondern auch anderen prominenten Gästen des Rektors gezeigt wurde, so dem damaligen Generalsekretär der westdeutschen CDU Kurt Biedenkopf und Hans-Otto Bräutigam, dem Leiter der Ständigen Vertretung der DDR in Ostberlin. Sogar der ägyptische Präsident Gamal Abdel Nasser soll sich während eines Staatsbesuchs in der DDR lobend über das Leipziger Museum geäußert haben. Dies ist dem Gutachten einer für mich zuständigen Berichterstatterin zu entnehmen, das die Stasi 1980 angefordert und in meiner Personalakte abgeheftet hatte. Außer einem gewissen Wohlwollen der unter einem Decknamen firmierenden Informantin bezeugt die Notiz allerdings nur die notorische Unzuverlässigkeit der Stasi-Unterlagen: Selbst wenn Nasser Leipzig jemals aufgesucht haben sollte, konnte er das Ägyptische Museum gar nicht besichtigt haben, da es noch in seinem Todesjahr 1970 weitgehend in Kisten verpackt und erst seit 1976 wieder zugänglich war.

Noch in einer anderen Hinsicht trug das Museum dazu bei, starre administrative Vorschriften im Universitätsbetrieb zu lockern. Mit seiner Wiedereröffnung war es in eine weltweite Gemeinschaft der ägyptischen Museen eingetreten, was zunächst vor allem bedeutete, dass der Schriftverkehr zunahm: Informationen und Fotos wurden erbeten und ausgetauscht, Publikationsgenehmigungen von Museumsstücken wurden erbeten und erteilt, Belegexemplare der Publikationen (statt der staatlicherseits erwarteten Publikationsgebühren in Devisen) erbeten und empfangen. Es versteht sich von selbst, dass die Briefe nur von den Mitarbeitern des Museums ausgefertigt werden konnten, doch war es nicht selbstverständlich, dass der jeweilige Sektionsdirektor auf das übliche Verfahren verzichtete und die hinausgehenden Schriftstücke nicht unter seinem Namen, sondern dem des tatsächlichen Verfassers verschickte und sich für die Akten mit einem Sichtvermerk auf der Kopie begnügte. Diese Praxis war auch für den Fortbestand der „Zeitschrift für Ägyptische Sprache und Altertumskunde“ unerlässlich, des ältesten ägyptologischen Fachorgans. Der Berliner Ordinarius

Fritz Hintze hatte nach dem Tod seines Mitherausgebers Morenz die Redaktion in den Händen von Renate Krauspe am Standort Leipzig belassen und diesen 1987 dadurch gestärkt, dass er mich als Mitherausgeberin assoziierte. Auf diesem Feld wie auch im sonstigen wissenschaftlichen Briefverkehr hätte es den wissenschaftlichen Austausch zum Erliegen gebracht, wenn er von einem fachfremden Vorgesetzten und ohne die gerade in einer kleinen Disziplin lebensnotwendige persönliche Komponente hätte geführt werden müssen. Fachliche Kontakte von zu Hause aus zu pflegen, war strengstens verboten. Wenn aber dennoch private Briefe erforderlich waren, um die auf dem Dienstweg abgesandte Post insgeheim zu interpretieren, schien es günstiger, sie in Briefkästen anderer Regierungsbezirke der DDR oder im sozialistischen Ausland aufzugeben und die heimischen Kontrollorgane zu umgehen. Eine Illusion übrigens: Ich habe auch in weiter Ferne abgesandte Briefe in meiner Stasi-Akte in Leipzig wiedergefunden.

Mit dem Postverkehr – ich berichte von vor-digitalen Zeiten – ist eine Dimension des „Tors zur Welt" angesprochen, die ganz auf seiner Zweiseitigkeit beruht. In der Richtung nach außen waren freilich die staatlichen Restriktionen rigider als umgekehrt, war es schwieriger, die ideelle Mauer zu ignorieren oder zu durchbrechen, die die Staatsräson gesetzt hatte. Das galt beispielsweise für den Newsletter „Museums and Collections" des Internationalen Ägyptologenverbandes und für das „Informationsblatt der deutschsprachigen Ägyptologie", die regelmäßig wissenswerte Nachrichten über die Institutionen, ihr Personal und ihre Lehrprogramme und Forschungsvorhaben in der internationalen Fachwelt verbreiteten. Die DDR-Ägyptologie musste sich in diesem Reigen durchaus nicht verstecken; im Gegenteil, es hätte ihr geschadet, nicht vertreten zu sein, doch widersprachen derartige Meldungen den Vorschriften der staatlichen Informationspolitik. Daher war einer unserer Sektionsdirektoren auf den Ausweg verfallen, die Leipziger Mitteilungen unter der Voraussetzung weiterzugeben, dass sie von der „Leitstelle" altertumswissenschaftlicher Forschung der DDR in der Berliner Akademie der Wissenschaften übernommen und in deren Verantwortung publiziert würden. Er konnte nicht ahnen, dass die findigen Fachkollegen in Berlin die Nachrichten zusammen mit den ihren an die Redaktionen der Mitteilungsblätter schmuggelten, die sie dann mit dem Vermerk druckten, sie stammten nicht aus erster Hand, sondern beruhten auf Informationen von Dritten und seien daher nicht unbedingt verlässlich. Damit waren die wahren Absender gedeckt und die Nachrichten dennoch weltweit zugänglich.

Einer gewissen Listigkeit bedurfte auch der Buchtausch zwischen dem Leipziger Institut und dem befreundeten Aegyptologischen Seminar an der Universität Basel, da er ja außer dem potenziellen Geheimnisverrat, der in Briefen in das nicht-sozialistische Ausland vermutet wurde, auch Zollgesetze überspringen musste und, wie unsere Schweizer Partnerin Elisabeth

38 Manfred Voigt.

Staehelin später formulierte, „wohl auf beiden Seiten nicht ganz legal" war.[39] Für die Basler war er vor allem mit hohem Arbeitsaufwand verbunden, denn viele von uns beschaffte Bücher wären für sie auf regulärem Wege müheloser (und gewiss auch kostengünstiger) zu haben gewesen. Für uns indessen, deren Devisenetat im Laufe der Jahre auf Null heruntergefahren worden war, hatten die Neuerscheinungen des westlichen Buchmarkts größte Bedeutung, damit wir den Anschluss an die internationale Forschung nicht völlig verloren; manchmal konnte ich mich des Eindrucks nicht erwehren, dass unsere Supervisoren in der Sektionsleitung die Unstimmigkeiten zwischen ein- und ausgehenden Sendungen und den brieflichen Kommentaren bewusst übersahen, um diesen Zufluss nicht unterbinden zu müssen.

Diejenige unter seinen Funktionen, die das Museum als Tor zur Welt in erster Linie hätte erfüllen müssen, war lange Zeit die unerfüllteste: den Mitarbeitern den Weg nach außen zu öffnen. „Nach außen" meint prinzipiell den gesamten Globus, im konkreten Fall aber vor allen anderen den Ausgang nach Ägypten und zu den großen Museen im westlichen Ausland. Mit den Ägyptologen der sozialistischen „Bruderländer", an denen Morenz so viel gelegen hatte, gab es briefliche und auch persönliche Verbindungen, aber in diesen Beziehungen hat das Museum nur selten eine Rolle gespielt. Die Kollegen von Prag, Warschau und Krakau waren vor allem archäologisch ausgerichtet; sie führten Grabungen in Ägypten durch und besaßen dort eigene Institute und Kontakte. Auch die ungarischen Kollegen hatten größere Reisefreiheit und, ähnlich den Tschechen und Polen, direkt oder über den ägyptischen Umweg Zugang zu westeuropäischen oder amerikanischen Personen und Institutionen. Dagegen wurden die wenigen Fachvertreter in der Sowjetunion, vor allem in Moskau und Leningrad (heute St. Petersburg), von ihrer politischen Führung systematisch isoliert, auch gegenüber den anderen Ländern im sowjetischen Herrschaftsbereich. Auch die ausgesuchten Ägyptologen der DDR, die als Ausgräber in Ägypten arbeiten durften, unterlagen dort einem strengen Regime von Vorschriften/Verboten und Kontrollen, das nicht nur gegen den Westen gerichtet war. Ein selbsterlebtes groteskes Beispiel für die Verwerfungen zwischen den Staaten des Warschauer Paktes war das Habilitationsverfahren der Warschauer Kollegin Albertyna Sczcudłowska im Herbst 1981, zu deren Abschlussprüfung ich als Gutachterin ihrer Qualifikationsschrift eingeladen war. Von einigen Funktionären in Leipzig wurde meine Teilnahme kritisch hinterfragt, in Warschau wurde sie begrüßt. Es war die Zeit des „Warschauer Herbstes", in der die Solidarność-Bewegung das polnische Volk gegen das Diktat der übermächtigen Sowjetunion und die Diktatur der eigenen Regierung mobilisierte. Der Konflikt wurde von der DDR als Gefahr für ihr eigenes autoritäres Regime gefürchtet und daher strikt abgelehnt; dies hätte ausreichend Grund geboten, mir die Reise zu verbieten. Dass das nicht

39 Staehelin, Laudatio, S. 12.

explizit geschehen und ich zu dem Kolloquium gekommen war, wurde als Zeichen meiner Solidarität verstanden und trug mir die unverhältnismäßig hohe Anerkennung der polnischen Kollegen ein.

Im Übrigen gab es bei uns wenig Dienstreiseprobleme aus dem einfachen Grund, dass ich kein „Reisekader“ war (was sich auf das westliche Ausland bezog) und dieses Gütesiegel daraufhin den nachgeordneten Mitarbeitern entsprechend der sozialistischen Hierarchie ebenfalls verweigert wurde. Auch wenn mit Einladungen zu Kongressen, Vorträgen oder Ausgrabungen, die wir erhielten, vorsorglich die Versicherung verbunden war, die Gastgeber würden alle Kosten tragen, durften wir sie nicht annehmen und sollten noch dazu mit fingierten persönlichen Gründen absagen. Auch das Museum bot hier keine Handhabe, obwohl es zum internationalen Usus gehört, Leihgaben für auswärtige Ausstellungen zu Aufstellung und Eröffnung, zu Abbau und Rücktransport und manchmal auch zwischendurch zur Leihgabenkontrolle auf Kosten des Veranstalters vom Leihgeber begleiten zu lassen. Meistens regeln die großen Museen solche Kunstgut-Transfers untereinander, aber Leipzig besitzt einige Originale von Seltenheitswert, die wiederholt zur Ausleihe angefragt und gelegentlich auch ausgeliehen wurden. 1963 und 1964, zu Morenz’ Basler Zeit, hatte der Leipziger Restaurator Etzoldt drei Stücke zu der Ausstellung „Koptische Kunst. Christentum am Nil“ in das Kunsthaus Zürich bringen und von dort zurückholen können. Für die große, von B. V. Bothmer 1978/79 veranstaltete Ausstellung „*Africa in Antiquity. The Arts of Ancient Nubia and the Sudan*“, die zuerst im Brooklyn Museum und weiteren Städten der USA und schließlich im holländischen Den Haag gezeigt wurde, mussten die Kollegen des Ostberliner Museums die 27 Leipziger Stücke in ihre eigenen Transportkisten übernehmen, weil keine Begleitperson aus Leipzig die Reiseerlaubnis bekommen hatte. Auch als die Stadt Leipzig im Herbst 1989 unter dem Titel „Merkur und die Musen“ eine repräsentative Auswahl von Kunstwerken aus ihren Museen für ein halbes Jahr in das Künstlerhaus Wien entsandte, durfte niemand von uns die 45 erlesenen ägyptischen Leihgaben begleiten, sei es, weil sich andere Leihgeber in den Vordergrund geschoben hatten, sei es, weil wir in den Augen der Stasi noch immer ein Sicherheitsrisiko darstellten.

Diese Benachteiligung war für jeden von uns ein schweres Handicap. Unser Museum sollte auf neuestem Stand konzipiert, aufgebaut und geführt werden, ohne dass die Verantwortlichen eine der großen Sammlungen der Welt und ihre Ausstellungspraxis kennen gelernt hatten; im eigenen Land war nur der Teil der berühmten Berliner Bestände zugänglich, der auf der Museumsinsel im Ostteil der Stadt stationiert war. Die ägyptischen Bestände in kleineren Sammlungen im eigenen Land waren damals magaziniert, doch gab es Arbeitskontakte: Die Orientarchäologen der Universität Halle, soweit sie auf ägyptische Archäologie spezialisiert waren, beteiligten sich an den Zusammenkünften der „Neuen Forschungen“, die Klassischen Archäologen der Kunstsammlungen Dresden trugen 1989 mit einer Sonderausstellung in Leipzig zum Gelingen der Ständigen Ägyptologenkonferenz bei, und das Schlossmuseum Gotha, dessen Aegyptiaca bereits zu Anfang der 1950er Jahre mit Leipziger Unterstützung inventarisiert worden waren, nahmen studentische Praktikanten auf. Im Verkehr mit der Außenwelt unterlagen sie alle ungefähr den gleichen Einschränkungen, was die Binnensolidarität beflügelte; auch sie waren darauf angewiesen, zur wissenschaftlichen Bearbeitung ihres Kulturguts Fotos von Vergleichsstücken in Museen aller Herren Länder zusammenzutragen, ohne die Originale konsultieren zu können.

Das gravierendste Defizit freilich war es, Ägypten selbst nicht besuchen und weder seine Denkmälerstätten und Museen noch die heutige Wirklichkeit erleben zu können, deren ökologische Grundlagen trotz aller Eingriffe der Moderne in vieler Hinsicht den ursprünglichen nahe geblieben sind. Auch wer sich nicht auf Grabungsarchäologie spezialisieren wollte, hätte wenigstens einmal an den Feldarbeiten anderer teilnehmen und außerdem das Land öfter bereisen sollen. Ohne diese Erfahrungen in der Gegenwart blieb jede noch so intensive Beschäftigung mit der Vergangenheit graue Theorie.

Zum Glück war es uns allen noch vergönnt, das Land unserer Forschung und unserer Träume kennen zu lernen. Immer wieder hatte sich der Rektor der Universität den erstaunten Fragen seiner Gäste stellen müssen, warum seine Ägyptologen das Land Ägypten nicht aus eigener Anschauung kannten. Gegen den Widerstand des Staatssicherheitsdienstes verfing dies ebenso wenig wie das Argument, mit dem die Sektionsdirektoren unsere Reiseanträge befürworteten: Die unfreiwillige Isolation werde unserer Konkurrenzfähigkeit und somit dem Ansehen der DDR im Ausland schaden. Erst 1989 gelang es, mir für den Herbst einen mehrwöchigen Aufenthalt an Leipzigs Partneruniversität Ain Shams in Kairo zu ermöglichen. Während ich das neue Ägypten erlebte und das alte mit neuem Blick sehen lernte, schrieb Leipzig mit seinen Montagsdemonstrationen Geschichte. Als ich am 11. November zurückkehrte, war die Berliner Mauer zwei Tage zuvor gefallen.[40] Von nun an stand der Weg nach Ägypten auch meinen Kollegen offen.

40 S. u. Anhang, Dokument 4.2: Erinnerungen an den 9. November 1989.

IV Durchgangsstation

Mit der Wiedereröffnung des Ägyptischen Museums 1976 war eine Nebenwirkung verbunden gewesen, die sich als dauerhaft segensreich erweisen sollte: Es musste Kassen- und Aufsichtspersonal für den Publikumsverkehr eingestellt werden. Die körperlich relativ leichte Tätigkeit wurde meistens von Frauen aus unterschiedlichen Berufen ausgeübt, die auf das Rentenalter zugingen, doch waren immer auch junge Leute dabei, die aus mehrerlei Gründen zeitweise aus dem straffen staatlichen System der Ausbildungs- und Berufslenkung aussteigen wollten, sei es, dass sie auf einen Studienplatz warteten, sei es, dass sie Zeit brauchten, um eine geeignete Perspektive für sich zu finden; auch die Sekretärinnenstelle wurde mit solchen Seiteneinsteigern besetzt. Freiräume dieser Art ließ die staatliche Planwirtschaft nur selten zu, da sie auch die menschlichen Ressourcen im Griff behalten wollte.

Es waren gewiss nicht die Schlechtesten, die sich den vorgezeichneten Bahnen entzogen und ihre eigenen Wege suchten. In der Regel kamen sie von selbst, und wenn sie uns geeignet erschienen, beantragten wir die Zustimmung der Sektionsleitung. Die meisten fühlten sich wohl bei uns, lernten allerlei und blieben manchmal mehrere Jahre; für den inneren Betrieb war die Anwesenheit der jungen Leute erfrischend und anregend. Nach dem politischen Umbruch von 1989 und in den folgenden Jahren nutzten nicht alle die nun weit geöffneten Tore zur Welt von einem Tag auf den anderen. Zwei von ihnen nahmen ein Ägyptologiestudium in Leipzig auf,[41] was nun wieder möglich war, die dritte, Kerstin Seidel, die es bereits von der Aufsichtskraft zur Sekretärin gebracht hatte, erwarb 1991 nach fünfjährigem nebenberuflichen Fernstudium in Leipzig den Fachschulabschluss für Wissenschaftliche Bibliothekare, der 1993 nach einem weiteren externen, einjährigen Studium in einen Fachhochschulabschluss nach bundesrepublikanischem Recht umgewandelt wurde. Dem war vorausgegangen, dass sie zu DDR-Zeiten ein Fernstudium an der Leipziger Fachschule für Museologie begonnen hatte, das sie abbrechen musste, als sie 1984 die Umsiedlung in die Bundesrepublik beantragte. Immerhin hatte sie ihren Posten während der Wartezeit bis zur Entscheidung über den Antrag behalten dürfen; als sie ein Jahr später ihren Ausreiseantrag zurückzog, hatte die Sektionsleitung ihrer Bewerbung um ein weiteres Fernstudium in Leipzig, nun an der Fachschule für Wissenschaftliche Bibliothekare, nichts in den Weg gelegt. Das war erstaunlich, musste doch ein Ausreiseantrag, selbst wenn es ein widerrufener war, als Indiz einer labilen staatsbürgerlichen Gesinnung gewertet werden. Zudem war offenkundig, dass sich in dem ägyptologischen Auffangbecken nicht eben die linientreuesten Staatsbürger sammelten, aber die Obrigkeit ließ es in vielen Fällen stillschweigend geschehen. Dass Kerstin Seidel zusätzlich zu ihrer vielseitigen, engagierten Berufstätigkeit

41 Heide Blödorn, Ulrike Fleischer.

in Museum und Institut ein Ägyptologiestudium absolvieren und 2013 den Mastergrad der Ägyptologie erringen konnte, musste allen Wegbegleitern als Triumph der Ma'at erscheinen, der altägyptischen Verkörperung einer gerechten Weltordnung, die hohen Einsatz und Tüchtigkeit belohnt.

Ein nicht weniger irregulärer beruflicher Lebenslauf hatte 1966 seinen Anfang genommen, als die Leitung der Germanistischen Institute den Antrag ihrer Studentin Angela Heller auf einen Fachrichtungswechsel von der Germanistik zur Ägyptologie ablehnte. In einem internen Papier, das ihr nach der Wende zugänglich gemacht wurde, informierte das Prorektorat für Studienangelegenheiten der KMU das vorgesetzte Berliner Staatssekretariat für das Hoch- und Fachschulwesen, das bereits die Genehmigung erteilt hatte, von seiner Befürchtung, dass die politisch aufmüpfige Antragstellerin den bekanntermaßen staatskritischen Geist im Ägyptologischen Institut weiter verstärken würde. Mündlich wurde ihr mitgeteilt, dass ein Wechsel aus dem Lehramtsstudium nicht möglich sei. Das klang plausibel, denn auch für andere gab es kaum ein Entrinnen aus dem Lehrerberuf, der wegen seiner politischen Implikationen bei den Studenten höchst unbeliebt war. Immerhin wurde Frau Heller wenig später zugestanden, neben dem vollen Lehrerstudium mit den Fächern Deutsch und Französisch nach einem „Sonderstudienplan“ Ägyptologie zu studieren. Als sie sich aber nach dem Diplomexamen 1969 um die vakante Sekretärinnenstelle bei Morenz bewarb, wurde ihr dies von der Leitung der inzwischen entstandenen Sektion Kulturwissenschaften und Germanistik verweigert, die auch für die Ägyptologen zuständig war. Das war insofern paradox, als Frau Heller zwar ihre Abschlussexamina in allen Fächern glänzend bestanden, aber, wie sie gleichzeitig erfuhr, aus ideologischen Gründen das Recht verwirkt hatte, als Lehrerin eine sozialistische Jugend heranzubilden. Das Misstrauen gegenüber einer selbständig denkenden und handelnden Persönlichkeit und die alte Furcht vor Morenz' „staatsgefährdender“ Hausmacht waren stärker als die Not des Lehrermangels und die gesetzlich verordnete Verpflichtung des Staates, seinen Hochschulabsolventen eine angemessene Arbeitsstelle nachzuweisen.

Eine gegenteilige, positive Erfahrung konnten wir im Jahr 1981 machen, als sich eine Studentin der Fachschule für Museologen[42] um eine Anstellung im Ägyptischen Museum bemühte. Die Sektionsleitung Afrika- und Nahostwissenschaften, der wir mittlerweile unterstanden, ließ sich von dem positiven Urteil der Dozenten über die fachlichen und menschlichen Qualitäten der Diplomandin überzeugen, obwohl darunter eine „humanistische Grundeinstellung“ erwähnt war. Das bedeutete im Klartext eine (im Staatsdienst unerwünschte) unmarxistische, oft eine christliche Orientierung, doch trotz dieser Nähe zu dem Klima des ägyptologischen Fachbereichs wurde die Bewerberin als Museumsassistentin eingestellt.

42 Maria Kröger.

Auch für Angela Heller ist es nicht bei dem Nein geblieben. Morenz ließ sich die Abfuhr nicht gefallen und setzte bei dem damaligen Rektor[43] durch, dass die Germanisten ihr Urteil revidierten und sie die Sekretärinnenstelle übernehmen konnte. Nachdem sie 15 Jahre als Sachbearbeiterin und Museumsassistentin die Geschicke des Hauses mitbestimmt und sich nebenbei akademische Meriten erarbeitet hatte, konnte sie 1982 promovieren und 1984 eine wissenschaftliche Stelle antreten, beides nun mit Billigung und Unterstützung der Leitung der Sektion Afrika- und Nahostwissenschaften.

Im Rückblick, nach mehr als einem Vierteljahrhundert des Lebens in der „freien Welt", erscheinen diese kleinen Abweichungen von den staatlichen Normen unbedeutend und kaum hervorhebenswert. So mögen erst recht die Leser urteilen, die immer in dieser freien Welt gelebt haben, und dennoch ist es falsch. Unter den Bedingungen der Diktatur konnten auch minimale Lockerungen ein Stück individueller Freiheit bedeuten. Sie waren nicht leicht zu erringen und für diejenigen, die sie genossen, nicht ohne Risiko, nicht immer ungefährlich aber auch für die Verantwortlichen, die Außenseiter gewähren ließen oder sie gar förderten. Ich gestehe, dass ich trotz allen Wohlwollens, das wir von verschiedenen Seiten erfuhren, auch von den Germanisten[44] und vor allem unter dem Dach der Afrika/Nahostwissenschaften, die Amtsstuben der jeweiligen Obrigkeit nie ohne Beklemmung betreten habe und erleichtert zurückkam, wenn sich die diffusen Ängste, die uns Älteren seit dem stalinistischen Terror der 1950er Jahre in den Knochen saßen, wieder einmal als unbegründet erwiesen hatten.

Eine letzte, kaum riskante, aber prinzipiell folgenschwere Grenzüberschreitung, die der kulturellen Bedeutung des Museums verdankt wurde, ging nicht von uns aus, sondern von der ägyptologischen Lehrstuhlinhaberin Erika Endesfelder an der Humboldt-Universität in Ostberlin. Zum Ägyptologiestudium in der DDR wurden grundsätzlich nur kleine Gruppen von höchstens fünf Studenten zugelassen, auf die, wenn sie nach fünf Jahren ihr Diplomexamen abgeschlossen hatten, die nächste Matrikel folgte. Nach Morenz' Tod war die gesamte ägyptologische Ausbildung von Leipzig nach Berlin verlegt worden; um aber den Studierenden auch die Leipziger Schultradition zu vermitteln, war ich jahrelang zu Vorlesungen über Religion und Literatur Ägyptens an die Humboldt-Universität eingeladen worden. Jetzt regte die dortige Institutschefin an (und setzte bei den Behörden durch), dass die Berliner Studenten zeitweise nach Leipzig wechseln sollten, damit das Museum als Übungsfeld für archäologische und kunsthistorische Themen und für Öffentlichkeitsarbeit in das Studienprogramm einbezogen werden konnte. Zunächst wurde 1987 eine Disserta-

43 Ernst Werner.

44 1986 erwies sich der einstige Sektionsdirektor Claus Träger mit einem äußerst großzügigen Gutachten über meine Ernennung zur o. Professorin als hilfreich für die institutionelle Stabilisierung der Leipziger Ägyptologie.

tion an eine Berliner Doktorandin[45] vergeben, die den Leipziger Bestand an Schmuck und Amuletten für den wissenschaftlichen Katalog aufarbeitete. Als nächstes war vorgesehen, dass der gesamte Studentenjahrgang, der 1989 in Berlin immatrikuliert worden war, für sein drittes Studienjahr nach Leipzig übersiedeln sollte. Das wäre ein tiefer Bruch mit der ostdeutschen Bildungspolitik gewesen, die den Hochschulwechsel von einzelnen Studierenden, geschweige denn von ganzen Jahrgängen prinzipiell ausschloss, um die politisch-ideologische Kontrolle über sie besser ausüben zu können. Doch sollte es nicht mehr dazu kommen. Die Friedliche Revolution von 1989 öffnete den Studenten das Tor zu einem Studienort ihrer Wahl in ganz Deutschland und weltweit, und das Leipziger Institut konnte damit beginnen, nach zwanzigjähriger Unterbrechung wieder einen eigenen Studiengang aufzubauen.

V Im Bannkreis der Stasi

Es lässt sich denken, dass das Museum als – und sei es noch so schmales – Tor zur Welt von Anfang an die Aufmerksamkeit des Staatssicherheitsdienstes auf sich zog, der alle nur möglichen Berührungen seiner Bürger mit dem feindlichen, das heißt westlichen, Ausland zu überwachen und zu registrieren trachtete; einige Kostproben von dem, was in seinen Akten zusammengetragen wurde, habe ich ja bereits gegeben. So war schon von dem „illegalen" und daher observierten Besuch der Heidelberger Studenten 1982 die Rede, aber die ersten Zugriffsversuche reichen in die Zeit vor der Wiedereröffnung zurück. Bereits zwischen 1974 und 1976 hatte mein vermeintlich enger Kontakt zu Bernhard V. Bothmer benutzt werden sollen, mich als Inoffizielle Mitarbeiterin der Staatssicherheit (IM) zu gewinnen und auf ihn anzusetzen, doch war die „Operative Personenkontrolle", von der ich erst nach der Wende aus meiner Stasi-Akte erfuhr, ohne Angabe von Gründen abgebrochen worden. Von nun an wurde die Bekanntschaft mit Bothmer in den Hinterzimmern der Entscheidungsträger mehrfach als eines der Argumente dafür benutzt, mir eine Auslandsreise zu verweigern, ohne dass mir diese Begründung mitgeteilt worden wäre.

Im Jahr 1979/80 wurde erneut versucht, mich anzuwerben, nachdem mir zunächst unerwarteter Weise eine Reise zum 2. Internationalen Ägyptologenkongress nach Frankreich genehmigt worden war. Monate später kam es zu einem Gespräch mit zwei Beauftragten der Stasi, in dem es zunächst um Sicherheitsfragen ging. Dass ich darunter die nach wie vor unbefrie-

45 Silvia Köpstein.

digende Sicherung der Museumsbestände verstand, war grundfalsch: Die Werber warfen mir vor, sie instrumentalisieren zu wollen, denn sie hatten etwas viel Wichtigeres im Sinn: die innere Sicherheit der DDR. Dies hohe Gut sollte ich dadurch stärken, dass ich ihnen nach künftigen Auslandsaufenthalten Informationen über Kollegen und Institutionen lieferte, und zwar weit mehr als das, was man in einem offiziellen Reisebericht dem Direktorat für internationale Beziehungen der Universität mitzuteilen hatte und möglichst formal, im Sinne des unverfänglich formulierten Dienstreiseauftrags, zu erledigen pflegte. Dass ich dieses Ansinnen ablehnte, steht im Abschlussprotokoll der Stasi über die zweite (und letzte) Zusammenkunft zu lesen, nicht aber, dass mir außerdem angetragen worden war, die „Firma", wie die Stasi im Volksmund hieß, über meine Vorgesetzten in der Sektionsleitung zu informieren. Meine Weigerung, dies zu tun, hatte ich dadurch unumkehrbar gemacht, dass ich den Sektionsdirektor[46] (wie auch meine vertrautesten Mitarbeiter, aber das verschwieg ich tunlichst) sofort davon unterrichtet und dies meinen Gesprächspartnern mitgeteilt hatte. Mit einem solchen Akt der „Dekonspiration" war die potentielle Zusammenarbeit schlagartig beendet und meine Nicht-Eignung als „Reisekader" erwiesen. Bezeichnenderweise hatte die Stasi diesen „Anwerbungsvorlauf" unter dem Decknamen „Museum" geführt: Das Ägyptische Museum besaß für sie eine politische Schlüsselstellung.

Eine ganz andere Begegnung mit dem Ministerium für Staatssicherheit mussten wir in den Jahren 1986/87 erleben. Die Staatsanwaltschaft des Bezirkes Leipzig war im Sommer 1986 an mich herangetreten mit dem Auftrag, die *Aegyptiaca* einer Privatsammlung von altägyptischer, griechischer, römischer und fernöstlicher Kleinkunst zu identifizieren und zu begutachten. Sie hatte dem 1982 verstorbenen Leipziger Frauenarzt Dr. Fritz Neumann gehört und war nur ein Teil seines reichen und mannigfaltigen Kunstbesitzes, der außerdem europäische Malerei und Grafik umfasste, dazu eine bedeutende Briefmarkensammlung und eine Münzsammlung von internationalem Rang. Nun hatte die Staatsanwaltschaft ein Ermittlungsverfahren gegen die Witwe und den Sohn,[47] beide ebenfalls Ärzte, wegen Hinterziehung der Erbschafts- und Vermögenssteuer eingeleitet und zog Spezialisten der jeweiligen Fachgebiete hinzu, um den Wert der Teilsammlungen festzustellen und danach über die Höhe der Nachzahlung und das Strafmaß zu entscheiden.

Ich fühlte mich der Aufgabe aus mehreren Gründen nicht gewachsen, konnte aber immerhin erreichen, dass meine Kollegen in die Beurteilung einbezogen wurden und wir die Originale nicht in den Kellern der Staatsanwaltschaft, wo sie deponiert waren, sondern an zwei Tagen in den Räumen des Instituts aufnehmen, zeichnen und fotografieren durften. Der massive Zeitdruck, unter dem wir standen, ließ allerdings keine solide Forschung

46 Manfred Voigt.
47 Edith und Thomas Neumann.

zu; auch verfügten wir nicht über die notwendige Fachliteratur, die vorwiegend im Westen erschienen war und unseren dürftigen Anschaffungsetat weit überstieg. Den gängigen Marktwert zu bestimmen, war aber auch deshalb unmöglich, weil es in der DDR gar keinen Kunstmarkt für Altägyptisches gab und der „staatliche Ankaufspreis", den die Ermittler von uns wissen wollten, nur fiktiv sein konnte. Zwar halfen unsere Kollegen von der Berliner Museumsinsel während der Bearbeitungszeit mit ihren weiter reichenden Erfahrungen und mit Katalogen von westlichen Auktionen aus, doch das Preisniveau, das sich dort widerspiegelte, entsprach marktwirtschaftlichen Bedingungen und nicht der unkonvertierbaren DDR-Währung. Dass sich der Kunstwert, nach dem der Staatliche Kunsthandel im internationalen Geschäft verfuhr, längst an westlichen Standards orientierte und nicht nach „Mark der DDR (M)", sondern nach den eigens für den Handel mit dem nichtsozialistischen Währungsbereich erfundenen „Valutamark" berechnet wurde, war uns unbekannt und wurde uns nicht mitgeteilt.

Trotz dieser Schwierigkeiten, die wir in unserem Abschlussgutachten nicht verschwiegen, wäre es für uns unmöglich gewesen, den Auftrag abzulehnen. Er war uns über die Universitätsleitung erteilt worden und fiel unstrittig in unsere fachliche Kompetenz. Verschwiegen haben wir hingegen, dass wir uns vom ersten Tag an hinter dem Rücken der Ermittler mit der Familie Neumann in Verbindung gesetzt hatten. Daher wussten wir, dass die geschätzte Steuerschuld ihre finanziellen Möglichkeiten bei weitem übersteigen würde und der gesamte Kunstbesitz vorsorglich gepfändet und, wie die ägyptische Sammlung, bereits teilweise abgeholt worden war und für die Steuernachzahlung „an Zahlungs Statt" verkauft werden sollte. Nun hoffte Frau Dr. Neumann, dass wir die ägyptische Sammlung für das Museum erwerben könnten und sie ihrer Vaterstadt Leipzig erhalten bliebe.

Es war schon damals kein Geheimnis, dass der Staat den Kunstbesitz seiner Institutionen skrupellos einsetzte, um seiner notorischen Devisenknappheit aufzuhelfen. Bereits 1973 hatte die Regierung verfügt, dass die Museen des Landes Kunstwerke von festgelegtem Gesamtwert aus ihren Depots auszusondern hätten, die der eigens zu diesem Zweck gegründeten „Kunst & Antiquitäten GmbH (KuA)" zugeführt und zugunsten des Staatshaushalts auf dem westlichen Kunstmarkt vertrieben werden sollten. Diese geheime Anforderung war auch an die Kunstsammlungen der Universität Leipzig einschließlich des Ägyptischen Museums ergangen, aber wie die meisten Museen, Bibliotheken und anderen betroffenen Institutionen war ihr die Karl-Marx-Universität nicht gefolgt. Da die Maßnahme auch in der Westpresse Aufsehen erregt hatte, wurde sie bald zurückgenommen und durch raffiniertere Methoden ersetzt. Einer Konvention der UNESCO von 1970 entsprechend musste in allen Beitrittsländern die Ausfuhr von Kulturgut kontrolliert werden um zu verhindern, dass Werke von internationaler oder besonderer nationaler Bedeutung außer Landes gebracht würden. Um sich internationale Reputation zu verschaffen, war die DDR der Konvention 1980 beigetreten und hatte ein Kulturgutschutzgesetz erlassen, dem mehrere Ausführungsbestimmungen folgten. Allerdings boten diese Texte keine verlässliche Handhabe, weil die Bemessungsgrenzen so unscharf definiert waren, dass sich der Staat mit leichter Hand öffentlichen und privaten Besitz aneignen konnte. Das betraf vor allem das Eigentum von Ausreisewilligen, also Rentnern und anderen Bürgern, deren Anträge auf Übersiedlung in die Bundesrepublik im Lauf der 1980er Jahre unter internationalem Druck immer häufiger genehmigt wurden. Für mehr oder weniger wertvolle Kunstwerke und Gebrauchsgegenstände, die oft über Generationen in den Familien bewahrt worden waren, wurden unsinnig hohe Werte angesetzt und ihre Ausfuhr verboten. Sie wurden konfisziert und, meistens mit Hilfe der „Verwertungsstellen" bei den Räten der Bezirke oder Kreise, an die Zentrale der Kunst & Antiquitäten GmbH in Mühlenbeck am Nordrand Berlins oder den ihr angeschlossenen VEB Antikhandel Pirna verkauft, die das Monopol für den Export besaßen. Die Ausreisekandidaten wurden mit DDR-Mark entschädigt, die ihnen, da sie nicht konvertibel war, für ihr Leben jenseits der Staatsgrenzen nichts nützten. Trotzdem ließen die meisten Betroffenen alles mit sich geschehen, um ihre Ausreise nicht zu gefährden, Noch radikaler unterlief eine der Ausführungsbestimmungen des Kulturgutschutzgesetzes den Sinn der UNESCO-Konvention. Sie besagte, dass der Verkauf wertvollen Kulturguts ins Ausland ausnahmsweise genehmigt werden dürfe, falls er im „nationalen Interesse" läge. Das bedeutete im Klartext: sofern er in Devisen umgemünzt werden konnte.

In diesem Dschungel widersprüchlicher Vorschriften und Praktiken schien das Schicksal der Neumannschen Sammlung besiegelt zu sein.

Der Zufall wollte, dass ich in dieser Zeit an einer Schulung von Museumsleitern im Zuständigkeitsbereich des Ministeriums für das Hoch- und Fachschulwesen (MHF) teilgenommen hatte. Dort hatte ein Mitarbeiter der Kulturgutschutzkommission beim Ministerium für Kultur in aller gebotenen Zurückhaltung kritisch über die willkürliche Praxis des Kulturgutschutzes in der DDR referiert. So fasste ich mir ein Herz und suchte ihn in seiner Berliner Dienststelle auf, ein wenig verwundert, dass er mich bat, ihn auf einem Dienstweg zu begleiten, obwohl ich doch bei ihm angemeldet war. Als wir unterwegs und keine Zeugen in Hörweite waren, erfuhr ich, die einzige Möglichkeit, die Sammlung Neumann für Leipzig zu retten, bestünde darin, sie unter Berufung auf das Kulturgutschutzgesetz zum „nationalen Kulturgut" zu erklären. Und so geschah es.

Bereits nach der ersten Bekanntschaft mit der Causa Neumann im Sommer 1986 hatte sich – auf unsere Bitte und im Einverständnis mit der Eigentümerin – der damalige Sektionsdirektor Gert Kück an das MHF gewandt und vorsorglich beantragt, die Kaufsumme der ägyptischen Sammlung zugunsten des Leipziger Museums bereitzustellen. Das war kühn, da noch keineswegs feststand, ob Frau Dr. Neumann sie uns zum Kauf anbieten durfte, und wir nicht die geringste Vorstellung von der Höhe des Betrages hatten; auch war der offizielle Auftrag der Staatsanwaltschaft zur Begutachtung noch gar nicht an mich ergangen. Er wurde mir erst im April

1987 erteilt, nun allerdings mit hoher Dringlichkeit. Am 30. Juni leiteten wir unser „Sachverständigengutachten“ dem Rat des Bezirkes, Abteilung Steuerfahndung, zu; Kopien schickten wir aus eigener Vollmacht an die Kulturgutschutzkommission beim Ministerium für Kultur in Berlin und den Rat der Stadt Leipzig, Abteilung Kultur, Bereich Schutz Kulturgut, dessen Unterstützung wir uns durch unseren Gewährsmann beim Kulturministerium hatten versichern können.

Die der abschließenden Stellungnahme beigefügte Liste, auf der unsere Bewertung beruhte, verzeichnet 166 Stücke, von denen 15 als nicht ägyptisch und 46 als Fälschungen ausgeschieden worden waren. Der Bestand der 105 als echt eingestuften Objekte umfasste vorwiegend Werke der Kleinkunst: Gefäße, Uschebtis, Skarabäen und andere Siegelamulette, Schmuck, Terrakotten, Brettspielsteine, eine Schminktafel, einen Grabkegel, ferner eine Falkenmumie, einige kleinformatige, teilweise fragmentierte Plastiken in Stein, Holz und Bronze und Teile von Särgen, das meiste aus dem 1. Jahrtausend v. Chr.

Das Gutachten verweist auf die Bedingtheit unseres Urteils durch die Kürze der zur Verfügung stehenden Zeit, den Mangel an Fachliteratur und die fehlenden Bewertungskategorien des nationalen und internationalen Kunsthandels. Es setzt einen Gesamtwert von 86.050 Mark der DDR an, einschließlich der Fälschungen und modernen Kopien, die als Kontraste zu den Originalen bewahrenswert und mit geringen, symbolischen Preisen ausgezeichnet waren. Bei den Originalen mit ihrer großen Spannweite in Qualität und Bedeutung waren wir prinzipiell von einem nach unserem Gutdünken hohen Preisniveau ausgegangen, mit dem zwar die Steuerschuld, aber gleichzeitig die Summe stieg, mit der sie getilgt werden konnte. Ausschlaggebend war vor allem die Überlegung, dass der Sammlung ein hoher Wert bescheinigt werden musste, damit wir sie glaubhaft als zu schützendes Kulturgut von nationaler Bedeutung (Kategorie II des Kulturgutschutzgesetzes) deklarieren konnten. Diese Einstufung begründeten wir damit, dass Zeugnisse des ägyptischen Altertums im Raum der DDR (mit Ausnahme des Berliner Museums) relativ selten, einige Stücke sogar singulär seien und mit ihrer Hilfe Lücken im Bestand des Leipziger Museums geschlossen werden könnten. Auch ließen wir uns das Argument nicht entgehen, dass die DDR mit einem solchen Beweis für die Wertschätzung und Pflege des Kulturerbes der Entwicklungsländer internationales Ansehen gewinnen könnte. Wir empfahlen daher, die Sammlung geschlossen zu erhalten und sie in ihrer Gesamtheit von Fachkräften wissenschaftlich und restauratorisch betreuen zu lassen und der Bevölkerung zugänglich zu machen. Als etwaige Käufer kämen weder der nationale noch der internationale Kunsthandel, sondern nur eine staatliche Institution, also das Leipziger Universitätsmuseum oder die Staatlichen Museen zu Berlin, in Frage.

Das alles kam einem Ritt über den Bodensee gleich. Wir kannten die Einstufungskriterien nicht, aber es war uns deutlich bewusst, dass der weitaus größte Teil des Bestandes höchstens von durchschnittlicher Qualität war. Hier kam uns zu Hilfe, dass die staatliche Kunstwirtschaft, um unbeschränkt agieren zu können, prinzipiell Verfahren und Maßstäbe im Unklaren ließ. Außerdem war sie auf ägyptische und klassische Antiken offenbar nicht eingerichtet, also mit Befunden wie dem der Neumanns überfordert.

Nun galt es, Fakten zu schaffen und den Kaufbetrag möglichst bald zu beschaffen. Zum Glück war auch der jetzt amtierende Sektionsdirektor Rainer Arnold dazu bereit, unsere Vision zu seiner Sache zu machen. In einem emphatischen Schreiben an den Minister für das Hoch- und Fachschulwesen erinnerte er an den Vor-Antrag seines Vorgängers ein Jahr zuvor, stellte den möglichen Ankauf als große Chance dar und beantragte die Summe von 86.260 Mark, die von der Leipziger Universität unmöglich aufgebracht werden könne. Er argumentierte mit der substanziellen Bereicherung für das ägyptische Universitätsmuseum und somit den nationalen Kunstbesitz, verwies auf den Kulturgutschutz als Staatsaufgabe und erinnerte an das große Aufsehen, das der Ankauf der weniger bedeutenden ägyptischen Privatsammlung v. Alvensleben-Malt durch die Staatlichen Museen zu Berlin 1985 erregt hatte. Auch seien derartige öffentliche Ankäufe dazu angetan, weitere private Eigentümer zum Verkauf ihrer Kunstschätze anzuregen und ihrerseits den Kulturgutschutz in der DDR zu befördern.

Obwohl das letztgenannte Argument auf den Neumannschen Vorgang nicht angewendet werden konnte, der ja alles andere als vorbildlich verlaufen war, und obwohl der Sektionsdirektor den strafrechtlichen Hintergrund des Verkaufs nicht verschwiegen hatte, wurde der Antrag genehmigt. Vielleicht hat dabei der „Marktwert 330.000", also ein Mehrfaches der von uns errechneten Kaufsumme, eine Rolle gespielt, von dem in dem Schriftwechsel zwischen der Haushaltabteilung der Universität und der Finanzverwaltung des Ministeriums die Rede ist. Wer diese Berechnung angestellt hat und auf welcher Grundlage sie beruhte, ist unklar; auch ist weder von den generellen Unsicherheiten der Preisbildung noch von einem möglichen Export ins Ausland die Rede. Der am 11. November 1987 unterzeichnete Kaufvertrag zwischen der Erbengemeinschaft Neumann und dem Ägyptischen Museum der Karl-Marx-Universität spricht nur von 102 statt 105 Originalen und von 39 statt 46 Fälschungen und beläuft sich auf die gegenüber dem ursprünglichen Antrag reduzierte Gesamtsumme von 85.885 Mark; diese geringfügigen Differenzen erklären sich wohl daraus, dass Frau Dr. Neumann einige wenige, meist unechte Stücke zurückerbeten hatte. Später machte die Beschäftigung mit dem Bestand gelegentlich weitere Korrekturen nötig, die nur in zwei Fällen bedeutend waren. Der eine war eine hölzerne bemalte Grab- oder Votivstele des frühen 1. Jahrtausends v. Chr., deren Echtheit sogar durch ein einberufenes Konsilium von Spezialisten nicht restlos geklärt werden konnte, die sich aber später als perfekte moderne Kopie eines antiken Originals erwies (Inv. M 8405). Im zweiten Fall hatten wir das Fragment eines Königsköpfchens aus glasiertem Talkschiefer anfangs als Fälschung beurteilt und erst im Nachhinein als eine delikat gearbeitete seltene Darstellungsform Pharao Amenophis' III. erkannt (Inv. 8336). Als die Ausstellung der „Neuerwerbungen 1987“, in zwei Vitrinen präsentiert, am 17. Mai 1988 von dem Prorektor für Gesellschaftswissenschaften der Universität[48] in Anwesenheit der gesamten Familie Neumann feierlich eröffnet wurde, waren die Irrtümer bereits korrigiert, und einige kostbare Ringe und ein koptisches Textilfragment waren hinzugekommen, die Frau Dr. Neumann nachträglich dem Museum angeboten und deren Ankauf für 2400 M die Sektionsleitung aus eigenem Etat ermöglicht hatte.

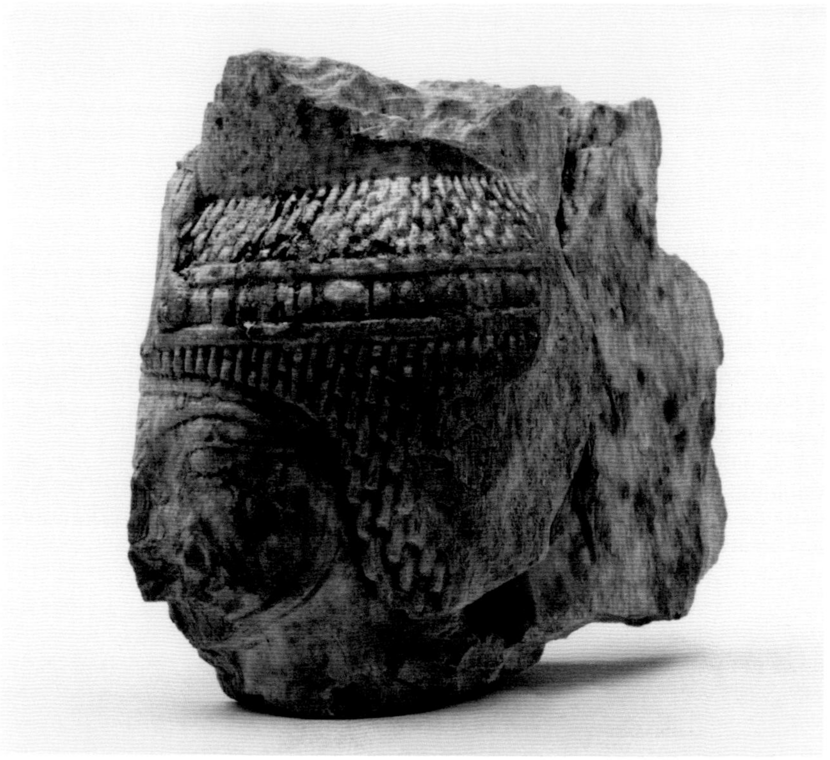

Sammlung Neumann, 1987. Glanzstück der Sammlung: Kopf einer Statue Amenophis' III., 14. Jh. v. Chr. (Inv. 8336). Foto: ÄMULA Fotothek

Im Museum wurde die erste größere Neuerwerbung seit dem Kauf der Sammlung Georg Steindorffs vor 50 Jahren als Glücksfall gefeiert. Begeisterung spiegelt sich auch in einem Dankschreiben des Sektionsdirektors Arnold an den stellvertretenden Hochschulminister wider, in dem der Ausgangspunkt, das Wirtschaftsvergehen der Verkäufer, nicht mehr erwähnt

48 Dietmar Stübler.

wurde. Den Neumanns brachte die Transaktion nicht nur eine Minderung ihrer Steuerschuld, die, wie wir später erfuhren, nach staatlicher Schätzung die Millionengrenze überschritt. Sie empfanden sie auch als moralische Rehabilitation für ihr tief verletztes bürgerliches Ehrgefühl, und das zählte wohl mehr als die Entlastung durch eine Generalamnestie des Staatsrats für Zehntausende von verurteilten oder noch nicht verurteilten Straftätern aller Art, die am 17. Juli 1987 verkündet worden war und zum 38. Jahrestag der DDR am 8. Oktober in Kraft trat.

Das Strafverfahren war nun eingestellt, doch die riesige Tilgungspflicht blieb von der Amnestie unberührt, und so nahm der Aderlass seinen weiteren Lauf. Ich entsinne mich einer Kleinplastik des Leipziger Bildhauers Max Klinger, die noch im Haus aufbewahrt und von der Steuerbehörde requiriert wurde, und einer Inkunabel von internationalem Rang, die bereits in den Export gegangen war, ehe der zuständige Bibliothekar der Universitätsbibliothek von ihr erfuhr. Dietmar Debes, der die Universitätsleitung 1973 als Kustos der Kunstsammlungen dazu bewogen hatte, die Auslieferung historischer Bestände an den Staat zu verweigern, würde zweifellos auch diesmal alle Hebel in Bewegung gesetzt haben, um den kostbaren Band aus der Frühzeit der Buchdruckerkunst für Leipzig zu retten, aber es war zu spät.

Erst im November 1989, im Zuge der Friedlichen Revolution, wurde mit einem prinzipiellen gesetzlichen Ausfuhrverbot dem grausamen Treiben ein Ende gesetzt, von dem sich Frau Dr. Neumann bis zu ihrem Tod am 14. Oktober 2003 nicht wieder erholt hat.

Der volle Umfang des staatlich organisierten Kunstraubs ist erst nach der Wende ans Tageslicht gekommen. Denn das Schicksal der Neumanns war beileibe kein Einzelfall, sondern geradezu ein Paradebeispiel dafür, wie sich die DDR-Regierung, um ihrem drohenden wirtschaftlichen Kollaps entgegenzuwirken, den Kulturbesitz ihrer Bürger immer skrupelloser aneignete und über die Kunst & Antiquitäten GmbH an große Kunsthandelsfirmen, geschäftstüchtige Aufkäufer und private Kunstliebhaber in Westeuropa für harte Währung verkaufte. Dabei hatte sich das Verfahren, mit dem die Sammlung Neumann zur Strecke gebracht worden war, als besonders gewinnträchtig bewährt, weil es ermöglichte, unmittelbar auf das Kulturgut zuzugreifen. Die Steuerfreibeträge waren mit 50.000 DDR-Mark äußerst gering, die Preise aber hoch angesetzt, und so war es leicht, immense Steuerschulden zu konstruieren. Da kaum jemand über ausreichendes Kapitalvermögen verfügte, wurden die Kunstgegenstände selbst der „Verwertung“ zugeführt, wobei die Betroffenen über Hintergründe und Umfang der Geschäfte in Unklarheit gelassen wurden. Sie sahen sich moralisch deklassiert, hatten Angst vor weiteren Schikanen und hüteten sich, öffentliches Aufsehen zu erregen. So erfuhr die Öffentlichkeit nichts von dem, was ihnen angetan wurde.

Ähnlich wie mit den privaten Kunstsammlern verfuhr man mit den wenigen verbliebenen professionellen Kunsthändlern. Mittels der undurchschaubaren Kulturgutschutzgesetzgebung und -handhabung konnte man ihnen leicht Verfehlungen zur Last legen, deren Ahndung sie nicht selten die Existenz kostete. Der Staat verdiente Milliardenbeträge ohne Rücksicht darauf, dass er seine bürgerliche Mittelschicht enteignete und Biographien zerstörte.

Der Staatssicherheitsdienst war in diese Praxis unmittelbar verstrickt. Ihr Herzstück, die Kunst & Antiquitäten GmbH, war der zwölfte Bereich des Unternehmens „Kommerzielle Koordinierung (KoKo)", in dem die gesamten Außenhandelsfirmen der DDR zusammengefasst waren. Dieser Bereich wurde von dem Staatssekretär Alexander Schalck-Golodkowski geleitet, der wiederum Günter Mittag direkt unterstellt war, dem Sekretär für Wirtschaftsfragen im Zentralkomitee der SED und zweitwichtigsten Mann im Staat nach dem Generalsekretär und Staatsratsvorsitzenden Erich Honecker. Schalck war zugleich Offizier im besonderen Einsatz im Rang eines Oberst (OibE) im Ministerium für Staatssicherheit und befehligte dort eine eigene Arbeitsgruppe „Bereich Kommerzielle Koordinierung (BKK)", welche die speziell sicherheitsdienstlichen Aufgaben in diesem Imperium wahrnahm; zu ihren Obliegenheiten gehörte es, die potentiellen Opfer der Steuerfahndung aufzuspüren und den Kontakt zu ihnen anzubahnen, wie es den Neumanns geschehen war. Das Kulturministerium war dieser unheiligen Allianz unterworfen. Es war vertraglich verpflichtet, ein Ablieferungssoll an exportfähigem Kulturgut zu erfüllen, und bekam dafür einen –bescheidenen - Anteil an den erwirtschafteten Devisen für eigene Erwerbungen, war aber im Übrigen weitgehend machtlos. Exportverbote, die seine Kulturgutschutzkommission erließ, wurden skrupellos ignoriert.

Ich habe mich später oft gefragt, ob allen, die in das Schicksal der Sammlung Neumann eingegriffen hatten, die Brisanz der Situation bewusst gewesen ist: den Sektionsdirektoren, die den Ankauf unterstützt und einen Teil aus eigenem Budget finanziert hatten, dem Rektor, durch dessen Hände die Korrespondenz mit dem Ministerium für das Hoch- und Fachschulwesen gegangen war, dem Prorektor für Gesellschaftswissenschaften, der die Neumanns als Wohltäter der Universität mit einem kleinen Festakt geehrt hatte. Auf der höheren Ebene waren zwei Minister des MHF involviert, als die Ankaufsumme bewilligt werden musste, und der Kulturgutschutzbeauftrage des Ministeriums für Kultur hatte das entscheidende Stichwort zum Schutz der Kunstgüter gegeben und seine Kollegen beim Rat der Stadt Leipzig ins Vertrauen gezogen. Heute weiß ich, dass die Situation noch um vieles heikler war, als wir damals ahnen konnten. Nicht nur, dass uns die administrativen, juristischen und sachlichen Voraussetzungen für die Kategorisierung der Sammlung gefehlt hatten. Darüber hinaus besaß die Kunst & Antiquitäten GmbH das generelle Vorkaufsrecht für jegliches Kulturgut, und die Aegyptiaca hätten ihr sogar vor einem Verkauf innerhalb des Landes zuerst angeboten werden müssen.

Es ist schwer vorzustellen, dass dies alles den Verantwortlichen entgangen sein sollte. Eher schon könnte eine in Staats- und Parteikreisen verbreitete Abneigung gegen den Ausverkauf der nationalen Kultur dabei mitgespielt haben, den die übermächtige Schalck-Golodkowski-Truppe weitgehend unabhängig von den Fachministerien in aller Dreistigkeit betrieb. Mit der Neumannschen Ägyptensammlung war ihrem Netz zwar nur ein kleiner Fisch entgangen, sie war aber in ihrer Gier längst nicht mehr wählerisch und griff je länger desto unverfrorener sogar dann zu, wenn es westliche Trödelmärkte zu beliefern galt.

Jedenfalls war der Deal, den wir in unserer Ahnungslosigkeit begangen hatten, nicht ohne Risiko. Wäre er aufgeflogen, hätte es uns als Fachleute, denen man eine bewusste Täuschung vorwerfen konnte, am härtesten getroffen; zwei Ministerien (MfK und MHF) und der Universitätsleitung würde man mindestens einen gefährlichen Mangel an Wachsamkeit zur Last gelegt haben. Solche Delikte zu enttarnen, gehörte in die Zuständigkeit des Bereichs Kommerzielle Koordinierung. Hier hat er offenkundig versagt, und wir profitierten wieder einmal davon, dass das Sicherheitssystem der DDR alles andere als perfekt war, was jeder Besitzer einer eigenen Stasi-Akte bezeugen kann.

Das, was die Familie Neumann und viele Schicksalsgenossen erlitten, spielte sich in einer Zeit ab, die wir DDR-Bürger als Beginn einer hoffnungsvollen politischen Entspannung wahrnahmen, die Zeit des Helsinki-Prozesses, in dem die Grenzen in Europa durchlässiger wurden, die Ära Gorbatschows mit „*Glasnost* (Transparenz)“ und „*Perestroika* (Umbau)“. Die Repressalien, mit denen sich die Staatsmacht zur gleichen Zeit am Eigentum ihrer Bürger verging, waren geradezu eine Folge dieser Entwicklung, die das politische System, das sich nicht wandeln konnte, wirtschaftlich und kulturell in immer stärkere Bedrängnis brachte.

Die Leipziger Ägyptologen erlebten das Wehen dieses Zeitgeistes noch auf eine ganz besondere Weise. Ihre Ostberliner Kollegen hatten dank ihrer größeren Nähe zu den Zentren der Macht die Genehmigung erwirkt, dass 1989 erstmals eine Ständige Ägyptologenkonferenz (im Fachjargon SÄK) in der DDR stattfinden durfte, und zwar in Leipzig. Es handelte sich dabei um den bereits seit zwanzig Jahren bestehenden losen Zusammenschluss der Ägyptologen in den deutschsprachigen Ländern Mitteleuropas, also einschließlich der Schweiz und Österreichs. Mit dieser Grenzziehung war eine rein deutsch-deutsche Organisation vermieden worden, die von der DDR keinesfalls akzeptiert worden wäre. Entstanden 1968 im Zuge des studentischen Aufbruchs in der Bundesrepublik, behandelt die SÄK nicht nur Fachfragen, sondern auch wissenschaftspolitische Themen und hatte sich damals längst zu einem international respektierten Forum entwickelt. Die DDR hatte in den letzten Jahren jeweils ein oder zwei Berliner Kollegen als Beobachter entsandt, und auch die Ostblockstaaten waren vereinzelt vertreten. Nun sollten sich alle Studierenden und Mitarbeiter der DDR erstmals an ihr beteiligen dürfen, und für die Mehrzahl der jüngeren Teilnehmer aus den westlichen Ländern war es der erste Aufenthalt hinter dem Eisernen Vorhang. Die Rekordbeteiligung von über 400 Besuchern, davon mehr als die Hälfte Studenten, war eine große Herausforderung für uns Veranstalter. Wir waren auf solche Dimensionen nicht vorbereitet, und die landesweit ungastlichen Infrastrukturen erschwerten die Vorbereitung ungemein. Doch mobilisierten wir alle Kräfte und wurden von der Universitätsleitung, aber auch von vielen Mitarbeitern in den unteren Verwaltungsebenen tatkräftig unterstützt.

Entgegen allen Befürchtungen gerieten die Tage vom 14. bis zum 16. Juli 1989 zu einem „Sommermärchen", in dem sich neben der strengen Wissenschaft, dargeboten vor allem von Fachvertretern der jungen Generation, ein reiches Kulturprogramm entfaltete. Das Leipziger Institut brillierte mit seinem Museum, die Kustodie der Universität zeigte eine Sonderausstellung aus den Magazinen der Dresdener ägyptischen Sammlung. Die Universität erwies sich als nobler Gastgeber, das sonnige Wetter brachte Leipzigs schönste Seiten zum Leuchten und überstrahlte graue Einförmigkeit und verfallende Bausubstanz, und der OibE, der Stasi-Offizier „im besonderen Einsatz", der das bunte Treiben argwöhnisch umschlich, schien völlig damit überfordert, die Übersicht zu behalten und aufzupassen, dass nichts Staatsgefährdendes geschah. Dies alles und die vielen vergnügten Zusammenkünfte, frei von Berührungsängsten, begünstigt durch den einzigartigen Studentenkeller Moritzbastei, suggerierten für drei Tage eine heile Welt.

Vier Monate später war die Berliner Mauer gefallen. Das Sommermärchen war zu einem Vorzeichen geworden.

VI In der Neuen Welt

Damit endet die Geschichte des Leipziger Ägyptischen Museums in der DDR. Aber wie in der großen Politik sollte sich auch im Kleinen alsbald herausstellen, dass mit der Wiedervereinigung zwar vieles unvergleichlich leichter und freier geworden war, aber eine heile Welt zu erwarten naiv gewesen wäre. Besonders die Übergangsperiode gestaltete sich oft enttäuschend und schmerzhaft; sie bot auch uns aufschlussreiche Erfahrungen.

Am 13. Dezember 1990, in einer Zeit, in der sich an der Universität unter einem von der Landesregierung für ein Jahr eingesetzten Rektoratskollegium die beharrenden Kräfte und die Reformer zähe Auseinandersetzungen lieferten, kam uns zu Ohren, dass die Berliner Handels- und Frankfurter Bank bereits im April ein Auge auf „unser" Haus Schillerstraße 6 geworfen hatte und darüber in Verhandlungen mit der Grundstücksverwaltung der Universität eingetreten war. Das viergeschossige Wohn- und Geschäftsgebäude war 1863 im Neorenaissancestil erbaut und 1896 mit einem rückwärtigen zweigeschossigen Anbau auf dem Gelände der parallel verlaufenden Magazingasse zu einer Einheit verbunden worden. Es hatte mehreren Banken nacheinander gehört, wovon bis heute die Fußbodenfliesen der einstigen Schalterhalle im Erdgeschoss und ein Tresorraum im Keller zeugen, in dem Kulturgut der Universität, darunter auch ägyptisches, den Zweiten Weltkrieg überstanden hat. 1937 war der Gebäudekomplex von der Universität im Tausch erworben worden und beherbergte nun Wohnungen und Institute, darunter seit 1946 auch die Ägyptologie. Sein Verlust würde größte Schwierigkeiten nach sich gezogen haben, nicht nur für das seit 1976 hier etablierte Ägyptische Museum.

Jetzt war Eile geboten, weil die Stadtverordnetenversammlung schon am Vortag, dem 12.12., über den Verkauf öffentlichen Grundeigentums an Großinvestoren, darunter auch Banken, entschieden hatte. Wir alarmierten das Rektoratskollegium, das von dem Vorgang nichts erfahren und keineswegs die Absicht hatte, die wertvolle Immobilie zu veräußern, und griffen zu dem unorthodoxen Mittel, die Leipziger Ausgabe der „Bild"-Zeitung zu mobilisieren. Zwar hatte die Grundstücksverwaltung behauptet, die Bank werde das Museum nicht antasten, doch wir fürchteten, dass wir das Feld über kurz oder lang würden räumen müssen. Der Schreckschuss wirkte sofort. Das Rektorat verbot weitere Verhandlungen, und in der Stadt erhob sich Empörung, die zeigte, wie beliebt das Ägyptische Museum bei der Bevölkerung geblieben war. Im Ergebnis musste sich die Bank nicht nur aus der Schillerstraße zurückziehen, sondern gab es überhaupt auf, in Leipzig Fuß zu fassen. Zuvor hatte man mich in ihr Leipziger Büro bestellt und mir schwere Vorhaltungen darüber gemacht, dass ich, die ich mich doch in der DDR regimekritisch verhalten hätte (man hatte sich informiert!), umgekippt sei und den Vertretern der Marktwirtschaft die Geschäftsaussichten verderben wollte (woran ich nicht im mindesten gedacht hatte). So also waren wir vom „real existierenden Sozialismus" in den „real existierenden Kapitalismus" geraten. Inhalt und Tenor des Gesprächs bewiesen, dass wir recht daran getan hatten, uns nicht auf vage Duldungszusagen zu verlassen.

Zum Glück war dies nicht das einzige Gesicht des real existierenden Kapitalismus, mit dem wir nun zu leben begannen. Es ist hier nicht möglich, über die Auswirkungen des politischen Paradigmenwechsels von 1989 zu sprechen, der wirklich ein grundlegender Neuanfang war und die Gesellschaft in ihrer Gesamtheit, die Universität und mit ihr auch die ägyptologische Existenz in Leipzig umkrempelte. Man könnte, statt sich dem Lob der großen Werte Freiheit und Demokratie zuzuwenden, mit den wunderbaren Segnungen im alltäglichen Arbeitsleben beginnen: zweckmäßige Büroutensilien, Bürotechnik mit Kopierern und einem sich ständig perfektionierenden IT-System, weltweit funktionierende Telefonanlagen, reiche Zuwendungen, durch die die Bibliotheken dem neuesten Stand angenähert wurden. Aber solchen Zugewinn hat es in der gesamten *Alma mater*, nicht nur bei den Ägyptologen gegeben, und natürlich hatte er in der Medizin und bei den Natur- und Technikwissenschaften mit ihrer Apparateausstattung ungleich größere Dimensionen.

Ich möchte daher den Rückblick auf die Museumsgeschichte von 1976 bis zu der grundlegenden gesellschaftlichen Wende von 1989 um einen Überblick über die bisher 27 Jahre in der Neuen Welt der offenen westlichen Gesellschaft ergänzen und zwar anhand der vier Parameter, die mir für die besondere politische Rolle des Museums in der DDR charakteristisch erschienen waren, nun aber in umgekehrter Reihenfolge: Bannkreis der Stasi (V), Durchgangsstation (IV), Tor zur Welt (III), Rettungsanker (II). Die Schilderung der fast doppelt langen zweiten Etappe von 1990 bis 2017 wird allerdings wesentlich kürzer ausfallen als die der ersten 14 Jahre, denn ich war nur noch bis 1999 im Amt und kann das Geschehen seitdem nicht mehr als Beteiligte, sondern nur noch aus der Außenansicht verfolgen, aus einer glücklichen Position freilich, in der mir mein Nachfolger Hans-W. Fischer-Elfert und die anderen Kollegen das Gefühl unveränderter freundschaftlicher Zugehörigkeit vermitteln.

Beginnen wir mit dem letzten für die DDR-Zeit postulierten Charakteristikum.

„Im Bannkreis der Stasi" (V) steht das Ägyptische Museum nicht mehr. Der Bann ist gebrochen, der totalitäre Staatssicherheitsdienst verschwunden, der potenziell alle Bürger der DDR einer unablässigen Überwachung unterzogen und seine perfide (glücklicherweise nicht perfekte) Politik außerhalb des Staatsapparats und ohne staatliche Kontrolle betrieben hatte. Wir konnten aufatmen, lernten, angstfrei zu denken, zu reden, zu telefonieren, zu schreiben. Doch das Gift des infamen Systems, das angeblich dem Staatswohl, tatsächlich aber dem politischen Machterhalt gedient hatte, wirkte in der Gesellschaft noch lange nach dem Übergang zur Demokratie weiter. So sahen die Gesetze vor, dass über den Verbleib in einem Anstellungsverhältnis des Öffentlichen Dienstes hauptsächlich nach dem Kriterium einer inoffiziellen Stasi-Mitarbeit entschieden werden sollte. Wenn dann nach rein formalen Maßstäben geurteilt und andere be- oder entlastende Gesichtspunkte außer Acht gelassen wurden, konnte es zu harten, auch ungerechtfertigten Voten kommen. Doch haben Angela Onasch und ich bei unserer Mitarbeit in den Gremien des akademischen Selbstreinigungs- und Umgestaltungsprozesses die Erfahrung gemacht, dass die Verantwortlichen überwiegend um gerechte und humane Entscheidungen bemüht waren. Die Situation wurde allerdings dadurch kompliziert, dass mit den politischen und fachlichen Überprüfungen ein drastischer Stellenabbau einherging. Er betraf auch viele, die von Personal-, Fach- und Strukturkommissionen zur Weiterbeschäftigung empfohlen worden waren, woraus häufig eine unerfreuliche Gemengelage aus Unsicherheit, Angst, Verdächtigungen und Verbitterung entstand. Für die weitere Zusammenarbeit in Institut und Museum sollte sich als segensreich erweisen, dass von den Leipziger Ägyptologen niemand betroffen war. Doch es gab einschneidende Veränderungen auf allen Ebenen. Sie waren nicht immer frei von Problemen, ließen aber stets Aussichten auf deren Lösung zu.

Das Museum ist „Durchgangsstation“ (IV) geblieben, nun aber, seiner Bestimmung als Universitätseinrichtung gemäß, für die regulär Studierenden des Faches Ägyptologie. Ihr *Curriculum* verpflichtet alle, an festgelegten Lehrveranstaltungen im Museum teilzunehmen, nicht nur diejenigen, die sich auf archäologische oder kunsthistorische Schwerpunkte spezialisieren wollen. Doch daneben bietet die Sammlung auch weiterhin ein vorläufiges Zuhause, jetzt allerdings weniger für Aussteiger oder Auswegsuchende als für junge Akademiker, denen es, auch wenn sie zu den Besten gehören, oft nicht beschieden ist, auf dem dürftigen „ersten“ Arbeitsmarkt Fuß zu fassen. Die einen schlagen sich mit Stipendien und Projektstellen auf „prekäre“ Weise durch, andere setzen ihre ägyptologische Arbeit neben einem Brotberuf fort und nehmen weiter am universitären Leben teil, manche tragen mit bezahlten und unbezahlten Lehrveranstaltungen zur Vielfalt des Lehrangebots bei. Für Institut und Museum sind die jungen, begeisterten Wissenschaftler in jeder Hinsicht ein Gewinn. Doch ihre Lage signalisiert auch die Fragwürdigkeit einer Wissenschafts- und Hochschulpolitik, die sehenden Auges ein akademisches Proletariat generiert. Wieviel sinnvoller wäre es doch, die Fähigkeiten der gut ausgebildeten Akademiker, soweit sie nicht im eigenen Fach unterkommen können, in einem flexiblen Bildungs- und Kulturbetrieb zum Wohl der Allgemeinheit einzusetzen, was aus eigener Kraft zu erreichen nur wenigen gelingt.

Im Gegensatz zu dem engen, in DDR-Zeiten nur einseitig benutzbaren „Tor zur Welt“ (III) steht das Museum heute in beiden Richtungen weit offen für Menschen, Ideen und Güter, und schon das rechtfertigt seine Existenz. Die Möglichkeiten scheinen nahezu unbegrenzt (sofern man sie finanzieren kann), zumal in dem Zeitalter eines weltweiten elektronischen Datentransfers, das inzwischen angebrochen ist. Und nicht nur Wissen wird in Gang gesetzt, sondern vor allem Personen. Studenten können sich mit Hilfe großzügiger Förderprogramme zeitweise an ausländischen Universitäten einschreiben, bereisen weltweit Museen und Ausstellungen und vor allem das Land Ägypten, und einige haben die Chance, dort an Feldarbeiten teilzunehmen. Anknüpfend an die archäologische Tradition seines Erzvaters Steindorff hat das Museum in Kooperation mit dem Ägyptologischen Institut der Universität Heidelberg ein Beamtengrab in West-Theben (*Theban Tomb 157*) untersucht und führt seit 2012 unter der Leitung seines Kustos Dietrich Raue gemeinsam mit Aiman Ashmawy vom Ägyptischen Antikenministerium und der Hochschule Mainz sowie mit weiteren Kooperationspartnern und Spezialisten aus unterschiedlichen technischen Disziplinen eine sensationelle Tempelgrabung in Kairo-Matariya, dem antiken Heliopolis, durch. Es wäre freilich unredlich zu verschweigen, dass deren faszinierende Ergebnisse von den Einzelnen einen hohen persönlichen Einsatz unter schwierigsten Arbeitsbedingungen und von den Projektverantwortlichen darüber hinaus die Kraft für den Kampf um die nötigen Finanzmittel fordern, die ja nicht im Universitätsetat auf Abruf warten, sondern von Kampagne zu Kampagne neu eingeworben werden müssen.

In der großen Vielfalt von Interessen und Aufgaben in Institut und Museum hat sich ein erfreuliches Arbeitsklima zwischen Lehrenden und Lernenden entwickelt. Es konnte vielleicht deshalb nahezu bruchlos an die Wagenburg-Mentalität der DDR-Zeit anschließen, weil hier nach der Wende zum demokratischen Staat das Tor zwischen den Welten nicht heftig aufgerissen, sondern in einem behutsamen Prozess geöffnet worden war. Keiner von den bisherigen Mitarbeitern musste seinen Arbeitsplatz aufgeben; beginnend mit dem Restaurator[49] wurden frei werdende Stellen im Konsens durch junge Kräfte aus West und Ost ersetzt,[50] und beide Seiten lernten, einander zu tolerieren und zu verstehen und Vorteile aus der Verschiedenheit zu ziehen. Ernsthafte „Ossi-Wessi"-Rivalitäten unter den Studierenden scheint es, im Unterschied zu anderen Fachrichtungen, nicht gegeben zu haben.

Das Museum ein „Rettungsanker" (II)? Auf den ersten Blick scheint es eher das Gegenteil zu sein. Zwar wird es wie schon zu DDR-Zeiten zusammen mit anderen, inzwischen teilweise ebenfalls öffentlich zugänglichen Universitätssammlungen als Spezifikum der traditionsreichen Universität Leipzig geschätzt. Doch Kulturgut zu bewahren und zu vermitteln ist kein dekorativer Luxus, sondern ein notwendiger Dienst an den auszubildenden künftigen Akademikern, und dieser hat seinen Preis. Waren Erforschung und Pflege antiker Zivilisationen in der DDR häufig wegen ihrer mangelnden politisch-ideologischen Verwertbarkeit suspekt, so bricht sich nach den vielversprechenden Anfängen der Nach-Wendezeit in der neueren Politik ein bedenkliches Wissenschaftsverständnis Bahn. Akademische Forschung und Lehre sollen auf ihren wirtschaftlichen Nutzen und das Hochschulstudium nach marktwirtschaftlichen Kriterien auf anwendungsorientierte Disziplinen wie Technik, Wirtschaft, Medizin, Naturwissenschaften und Informatik reduziert werden; die Geisteswissenschaften werden hauptsächlich nach den „Grundkompetenzen" bewertet, die als Erziehungsziele der künftigen Lehrer im Schulunterricht unerlässlich sind; entsprechend berechnen und verteilen sich materielle und ideelle Förderung. Weil sie unnötige Kosten verursachen und unter dem Druck permanenter Sparzwänge scheinbar folgenlos „wegprofiliert" (so der DDR-Jargon) werden können, erscheinen die „Kleinen" Fächer dann als überflüssig für das Profil von Universitäten. Dennoch unterliegen die einst im Westen so genannten „Orchideenfächer",

49 Die Wiederbesetzung der seit 1990 durch den Tod von Horst Etzoldt vakanten Restauratorenstelle mit Karl Heinrich von Stülpnagel war gegen einen 1991 verhängten generellen Einstellungsstopp des Sächsischen Ministeriums für Wissenschaft und Kunst unter großen Mühen von dem Kanzler Peter Gutjahr-Löser erkämpft worden; vgl. König, Demokratischer Neubeginn, S. 823f.

50 Übernommen und sukzessive in den Ruhestand verabschiedet: E. Blumenthal, R. Krauspe, A. Onasch, F. Steinmann, weiterhin im Dienst: K. Seidel, hinzugekommen die Leipziger Absolventen T. S. Richter und F. Naether, aus den alten Bundesländern H. Felber, H.-W. Fischer-Elfert, D. Raue, F. Seyfried, K. Stegbauer, K. H. v. Stülpnagel, inzwischen an anderen Institutionen tätig: T. S. Richter, F. Seyfried, A. Spiekermann, u.a.

deren Absolventen auf dem Arbeitsmarkt innerhalb ihres Fachgebiets kaum Chancen haben, demselben neutestamentlichen „Matthäusprinzip“ (Mt 13,12) wie die großen Fachrichtungen: Wer viele Studenten vorweisen kann, wird zusätzlich zur Grundausstattung überproportional mit finanziellen Zuwendungen belohnt. So sehen sich die „brotlosen“ Disziplinen genötigt, um unverantwortlich viele Studenten zu werben, obwohl dies dem gesellschaftlichen Bedarf zuwiderläuft.

Ist also das Ägyptische Museum noch ein Rettungsanker? Ich sage uneingeschränkt Ja. In den Existenzkämpfen, die in dem alten Kulturland Sachsen besonders heftig geführt werden und die Universitätsleitungen einem beständigen ministeriellen Druck aussetzen, verhilft es der Fachrichtung Ägyptologie in Leipzig gegenüber anderen universitären Standorten zu einer besonderen Legitimation. Das auch hier verbindliche, international übliche Curriculum, das mit dem Erlernen schwieriger Sprachen und Schriften für eine solide handwerkliche Grundlage sorgt, wird in der „Lehrschausammlung“ gleichsam geerdet, weil es das materielle Erbe der Pharaonenzeit für die Studierenden von Anfang an konkret erfahrbar macht. Auch wenn an der großen Grabung in Heliopolis nur wenige Studenten aktiv mitwirken können, versteht sich es doch von selbst, dass alle mit dem hauseigenen Projekt aufwachsen und von Kampagne zu Kampagne über Ziele, Methoden und Probleme der Arbeit vor Ort unterrichtet werden. Noch wichtiger ist die für alle verbindliche Beschäftigung mit den Originalen des Museums, die konservatorische und archäologische Kenntnisse und Erfahrungen vermittelt und die Objekte einzeln oder in Gruppen als Quellen für Geschichte, Wirtschaft, Religion, Sprache, Kunst und Literatur zu betrachten lehrt. Das Ausbildungsziel, die altägyptische Kultur in ihren Details und als Gesamtheit zu erfassen, ist hier stets mit Anschauung untersetzt; Praktika, in denen die Studierenden Führungsdienste für alle Altersgruppen übernehmen, am Aufbau von Sonderausstellungen mitarbeiten und Katalogtexte verfassen, schulen sie im Umgang mit dem Publikum.

Ein Museum ist keine Lehranstalt. Es ist vielmehr legitim, dass alle Besucher die über Jahrtausende währende Stabilität, die zeitlose Schönheit der Kunst und die faszinierende Fremdheit der Religion unvermittelt auf sich wirken lassen und sich dem antiken Ägypten in seinen einzelnen Erscheinungen auf emotionalem Wege annähern. Werden aber die ausgestellten Originale nicht nur als staunenswerte Relikte einer fernen Vergangenheit, sondern als Zeugnisse von Menschen aus Fleisch und Blut angeeignet, so bedarf es des Fachwissens, das den Blick für die Vielfalt menschlicher Möglichkeiten und für die anthropologischen Konstanten Leben und Tod, Gut und Böse, Liebe und Hass, Schmerz und Freude, Krieg und Frieden, Gott und Mensch öffnet, die sich in den antiken Zeugnissen widerspiegeln. Der Betrachter erfährt, wie unterschiedlich die grundlegenden Fragen des Menschseins beantwortet werden können und wie bedingt unser eigener, der moderne Standpunkt ist. Gleichzeitig lassen sich die Phänomene zu kulturellen Paradigmen ordnen, die zum Vergleich mit verwandten oder andersartigen Zivilisationen taugen und verpflichten. Bei einem solchen Bildungsanspruch rechtfertigt das Museum seine Existenz nicht allein dadurch, dass es überkommene Werte bewahrt und erschließt, sondern es kann auch dazu beitragen, dass spezifische Botschaften der Alten Ägypter formuliert werden und zu den weltanschaulichen Diskursen der multikulturellen Welt von heute beitragen.

Mit Hilfe des nötigen fachwissenschaftlichen und methodischen Rüstzeugs ergibt sich aus diesem Ansatz ein breites Spektrum von Möglichkeiten für eine Tätigkeit der Absolventen in der Kulturvermittlung, das von dem altägyptischen Ausgangspunkt auf andere Zivilisationen übertragen werden kann. Der universitätsgeschichtliche Glücksfall, dem das Museum seine Existenz verdankt, macht das ägyptologische Studium in Leipzig besonders attraktiv, und, wenn Spiele und Basteleien mit Kindern oder thematische Inszenierungen für Erwachsene vorbereitet werden, mitunter auch vergnüglich. Es ist allerdings auch besonders anspruchsvoll, weil der klassische, philologisch fundierte Ausbildungskanon ebenso wenig zu kurz kommen darf wie die Anleitung zu eigener Forschungsarbeit. Die längst nicht vollständig gehobenen Schätze der Sammlung müssen publiziert und interpretiert werden, eine vorrangige Aufgabe der wissenschaftlichen Mitarbeiter, bei der sich auch die älteren Studenten erste akademische Sporen verdienen können.

Ein ähnliches Bildungsideal wie der Ausbildung des akademischen Nachwuchses liegt auch der Arbeit des Museums in der Öffentlichkeit zugrunde. Es weiß sich der Messestadt verpflichtet, deren Bürgertum ihm durch großzügige Spenden im frühen 20. Jahrhundert Erwerbungen und Ausgrabungen ermöglicht hat. Heute bemüht es sich, das Leipziger Kulturleben mit Führungen, Vorträgen, Sonderausstellungen und Publikationen sowie als Gastgeber von nicht-ägyptologischen Veranstaltungen ähnlich zu bereichern wie die Museen in städtischer Trägerschaft. Wie schon in DDR-Zeiten wird besonderer Wert auf die Betreuung von Kindern, vor allem von Schulklassen, gelegt, die mit altersspezifischen Programmen spielerisch und schöpferisch für das Alte Ägypten begeistert werden, unkonventionell, aber ohne Klamauk. Ältere Schüler leisten als Praktikanten Hilfsdienste und nehmen am Leben hinter den Museumskulissen teil; vor den Kulissen haben unlängst engagierte fränkische Gymnasiasten unter fachlicher und museumspädagogischer Anleitung einen Ausstellungsführer für Jugendliche erarbeitet und publiziert.[51] Nimmt man die besondere Aufmerksamkeit für die Arbeit mit Behinderten hinzu, die 2005 in der speziell für Blinde entwickelten, deutschlandweit gefragten Wanderausstellung „Das Alte Ägypten (Be)Greifen“ gipfelte, so scheint dies die Aufgaben einer Lehrschausammlung fast zu übersteigen. Aber das Konzept erfuhr dankbare Zustimmung von denen, für die es bestimmt war, und

51 N. Braun, A. Thüsing, Schülerführer durch das Ägyptische Museum – Georg Steindorff – der Universität Leipzig, Leipzig 2017.

sensibilisierte die Mitarbeiter, auch und gerade die Studierenden, sich auf die Bedürfnisse von Gruppen einzustellen, die sonst selten in Museen anzutreffen sind. Wie alle sogenannte „Öffentlichkeitsarbeit" sollte dies nicht nur um des pragmatischen Legitimationsnachweises der Institution oder des Erwerbs prüfungsrelevanter *Credit points* willen geschehen, sondern auch unter dem moralischen *Impetus*, etwas zurückzugeben für das Privileg, sich mit einem vielseitigen, reizvollen Fachgebiet zu beschäftigen, dessen Pflege die Gesellschaft finanziert.

Zu denen, die sich dieses Privilegs bewusst sind, gehören auch die Mitglieder des bald nach der Wende gebildeten Freundeskreises von Institut und Museum. Die meisten von ihnen leben in Leipzig, nehmen das kulturelle Angebot des Hauses wahr, unterstützen in Stoßzeiten den Dienst der Aufsichtskräfte und finanzieren zusammen mit den auswärtigen Mitgliedern Projekte und Anschaffungen, die sonst unerreichbar wären. Die Erwerbung ägyptischer Originale kommt nicht in Betracht, und das nicht allein wegen der hohen Preise auf dem internationalen Kunstmarkt. Grabungsfunde verbleiben heute im Mutterland und werden nicht mehr mit den ausländischen Ausgräbern geteilt, die Ausfuhr von antikem Kunstgut ist generell verboten. Trotzdem blüht der Schmuggel weltweit und sollte nicht durch die Ankäufe von Museen in den reichen Ländern stimuliert werden.

Wie berechtigt diese Warnung ist, hatten wir selbst aus bitterer Erfahrung gelernt, als sich ein 1998 aus sicherer Quelle und mit lupenreiner Referenz erworbenes Fundstück nach ausgiebigen eigenen Recherchen später als Diebesgut erwies. Es verstand sich von selbst, dass die kleine Mumie einer heiligen Spitzmaus in ihrem vergoldeten Holzsarg (einst Inv. 7951) zurückgegeben wurde. Unter dem Schutz der Berliner ägyptischen Botschaft trat sie die Heimreise an und ist heute im Ägyptischen Museum von Kairo ausgestellt.

Umso erfreulicher daher, dass das Museum 1999 einen gewichtigen Neuzugang frei von Skrupeln willkommen heißen durfte. Die zuständigen Instanzen der Leipziger Stadtverwaltung und des Regierungsbezirks konnten nämlich davon überzeugt werden, dass die wegen ihrer ägyptisierenden Gestalt auffallende, 3,20 m hohe Sandstein-Säule auf dem Alten Johannisfriedhof sicherer im Ägyptischen Museum aufbewahrt sein würde als an ihrem bisherigen Standort unter freiem Himmel. Sie war von der einst mit der Skulptur eines Sphinx und einem kunstvollen Gitter ausgestatteten Grabstätte des 1824 verstorbenen Altphilologen Friedrich August Wilhelm Spohn übrig geblieben, der sich als Professor für griechische und lateinische Philologie um die damals noch heiß umstrittene Entzifferung der ägyptischen Sprachen und Schriften bemüht hatte, wenn auch leider erfolglos. Spohns Schüler und Anhänger Gustav Seyffarth, der sich später durch den Ankauf des ersten ägyptischen Originals, des Wachholderholzsargs des *Hed-bast-iru* (Inv. 494) um die Universität Leipzig verdient machte und damit den Grundstein für die ägyptische Sammlung legte, hatte die Grabstelle für seinen Lehrer entworfen. Die Säule ist einem alt-

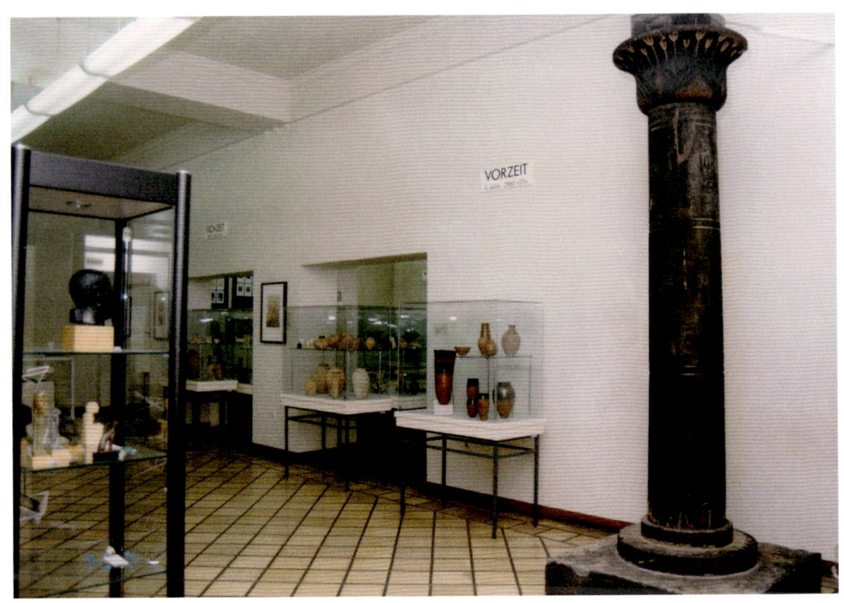

Ausstellungshalle des Museums mit der im ägyptischen Stil gestalteten Grabsäule des Klassischen Philologen Friedrich August Wilhelm Spohn (gest. 1824) (Inv. M 9494)
1999 vom Alten Johannisfriedhof überführt. Foto: ÄMULA Fotothek

ägyptischen Vorbild im Tempel von Karnak nachgestaltet, die vierfache Ausfertigung der Grabinschrift in Hieroglyphen, hieratischer und demotischer Kursive sowie in griechischen Majuskeln übertrifft sogar den dreisprachigen originalen antiken Stein von Rosette, von dem alle europäischen Entzifferungsversuche ausgingen, um eine, nämlich die hieratische Version. Der Inhalt des Textes erschließt sich uns freilich nur aus der griechischen Lesart, denn Seyffarths auf Spohn fußende Entschlüsselung des Ägyptischen ist von der Fachwissenschaft verworfen worden. So erinnert das Grabdenkmal an den Beginn der ägyptischen Studien in Leipzig und an die Kämpfe einer bewegten Wissenschaftsgeschichte zu einer Zeit, als der Sieg des Franzosen Champollion noch keine ausgemachte Sache war. Es ist zugleich ein bedeutendes, in seiner Form sogar einmaliges Zeugnis der europäischen Ägyptenrezeption des Klassizismus und entspricht darin einem in Leipzig traditionell gepflegten kulturhistorischen Forschungsinteresse.

Die Umsetzung der Säule vom Friedhof ins Museum fand bei der Universitätsleitung ungeteilte Zustimmung, und auch der Förderverein der Universität konnte ins Boot geholt werden. So kamen die Mittel zusammen, die neben der Restaurierung und dem Transport des Stücks auch die Herstellung eines Abgusses ermöglichten, der auf Wunsch der städtischen

Denkmalpfleger nunmehr auf dem Johannisfriedhof den Platz des Originals einnimmt.[52]

Die vorstehenden Betrachtungen über das Selbstverständnis des Ägyptischen Museums im Zusammenhang der universitären Ausbildung und des Leipziger Kulturlebens könnten den Eindruck erwecken, als sei es längst im ruhigen Fahrwasser der Normalität angekommen. Ein dramatisches Ereignis der letzten Jahre hat uns aber darüber belehrt, dass es nicht aufgehört hat, ein Museum Politicum zu sein, und dass auch ein Rettungsanker der Rettung bedürfen kann.

Im Ergebnis von Vorverhandlungen, die bald nach der deutschen Wiedervereinigung stattgefunden hatten, war die Universitätsleitung zu Anfang des Jahres 2011 von der in New York ansässigen *„The Jewish Conference on Material Claims against Germany*", kurz *„Jewish Claims Conference (JCC)*", aufgefordert worden, die Sammlung ägyptischer Originale herauszugeben, die Georg Steindorff für sich privat angelegt, aber 1936/1937 dem Ägyptischen Museum verkauft hatte. Die JCC konfisziert jüdisches Eigentum in Deutschland, das durch Zwangsverkäufe in die Hand des nationalsozialistischen Staates gekommen war und für das keine Restitution beantragt worden ist. Sie hatte zu einem vorgegebenen Stichtag keine Rückmeldung von Steindorffs Erben erhalten, und so hatte die deutsche Bundesanstalt für zentrale Dienste und offene Vermögensfragen 2009 verfügt, dass die 163 Objekte zurück zu erstatten seien. Zwar hatte Thomas Hemer, Steindorffs letzter hinterbliebener Enkel, der in den USA lebte und brieflich und persönlich eng mit dem Leipziger Museum verbunden war, bereits 2007 auf eine Rückgabe verzichtet und auch jetzt keine eigenen Forderungen geltend gemacht.[53] Doch der Anspruch der Familie war bereits 1993 verfallen, und so entschied das Berliner Verwaltungsgericht, vor dem der Fall am 26. Mai 2011 verhandelt wurde, dass der Verkauf, den Steindorff unter den Rahmenbedingungen der nationalsozialistischen Enteignungspolitik gegenüber jüdischem Eigentum getätigt hatte, nicht rechtens sei, und bestätigte den Anspruch der JCC auf die Sammlung Steindorff. Die Einschätzung als „verfolgungsbedingter Entzug" wurde in der Folge von der Universität Leipzig anerkannt.

Der Verlust der 163 zum Teil sehr qualitätvollen Originale (von ursprünglich 308, die 145 übrigen im Bombenkrieg zerstört) hätte eine tiefe Wunde in die Bestände des Museums geschlagen. Doch konnte sich die JCC in einer außergerichtlichen Einigung dazu bereitfinden, der Universität das Steindorffsche Erbe unwiderruflich zu überlassen, mit dem Wunsch, dass der Gründer der Sammlung gebührend geehrt und das Gedenken an das Unrecht, das ihm und seinen jüdischen Leidensgenossen während des Drit-

52 Vgl. Blumenthal, Ein Leipziger Grabdenkmal. – Ein geeigneter Ort für eine dauerhafte würdige Aufstellung des Originals, die in den 2010 bezogenen Museumsräumen aus statischen Gründen nicht möglich ist, wird derzeit gesucht.

53 Zu Einzelheiten vgl. Raue, Seidel, Verkauf.

ten Reiches widerfahren war, auch künftigen Generationen durch die Arbeit des Museums anschaulich vermittelt werde.

Diese Auflage wurde unverzüglich in Angriff genommen. Die bereits seit längerem für Juli 2011 nach Leipzig einberufene Jahrestagung der Ständigen Ägyptologenkonferenz der deutschsprachigen Ägyptologie (SÄK) bot sich mit ihrem Thema „Ägyptologen und Ägyptologie(n) zwischen Kaiserreich und der Gründung der beiden deutschen Staaten (1871–1949)" geradezu ideal dafür an, Steindorffs Leben und Wirken im Kontext neuer zeit- und wissenschaftsgeschichtlicher Forschungen Gerechtigkeit widerfahren zu lassen.[54] Die Kongressakten erschienen 2013, ihnen folgte 2016 eine weitere Monographie über „Georg Steindorff und die deutsche Ägyptologie im 20. Jahrhundert",[55] die wesentlich auf dem wissenschaftlichen Nachlass beruht, den Thomas Hemer dem Leipziger Institut zum Geschenk gemacht hat. Ein bedeutender Teil dieses Nachlasses, Steindorffs Korrespondenz aus den Jahren 1881 bis 1951, bestehend aus 2576 Briefen, ist soeben ins Internet gestellt und der internationalen Forschung zugänglich gemacht worden.[56]

Neben diesen fortzusetzenden wissenschaftlichen Bemühungen wurde auch das Interesse der Öffentlichkeit an dem Professor und seiner Familie weiterhin wachgehalten. Eine Ausstellung zu Steindorffs 150. Geburtstag wurde 2011 in seiner Geburtsstadt Dessau gezeigt, ein Artikel über das „erste Leben" seiner Tochter Hilde Hemer im selben Jahr veröffentlicht.[57] Begleitet von einer temporären Ausstellung wurde 2012 eine Gedenktafel im Eingangsbereich des Museums enthüllt, 2014 ein „Stolperstein" zum Gedenken an Steindorffs Schwester Lucie in das Straßenpflaster vor ihrem Wohnhaus Richterstraße 2 in Leipzig-Gohlis eingelassen, und seit kurzem beleuchtet ein kleiner Sammelband Biographie und Lebenswerk des großen Gelehrten.[58]

Im Zuge des gewaltigen Baubooms, der nach der Wiedervereinigung Deutschlands auch in Leipzig eingesetzt hatte, war das Doppelgebäude Schillerstraße 6/Magazingasse 6, bis dahin Heimstätte der Leipziger Ägyptologie, in den Jahren 2004 bis 2006 von Grund auf renoviert worden und hatte danach die meisten orientalistischen Institute und die Außenstelle Orientalistik der Universitätsbibliothek aufgenommen. Das Ägyptologische Institut und das Museum waren bereits 2002 auf einer etwa um die Hälfte verkleinerten Ausstellungsfläche interimistisch in einem rekonstruierten Geschäftshaus in der Burgstraße untergebracht worden.

Im Jahr 2009, mit dem Umzug in das Kroch-Haus, ihr endgültiges Domizil, ergab sich eine weitere Verbindung der Leipziger Ägyptologie zum

54 Vgl. den erweiterten Tagungsband Bickel u.a., Von Ägyptologen, darin S. 245–276: D. Raue, Der „J'accuse"-Brief an John A. Wilson. Drei Ansichten von Georg Steindorff.

55 Voss, Raue, Georg Steindorff.

56 Vgl. Literaturverzeichnis s.v. G. Steindorff, Korrespondenz.

57 Blumenthal, Das „erste Leben".

58 Raue, Georg Steindorff.

Schicksal einer zeitgenössischen jüdischen Familie. Der Bankier Hans Kroch, ein Wohltäter und Honoratior der Stadt, hatte das städtebauliche Juwel 1927/1928 an der Schnittstelle von Goethestraße und Augustusplatz als erstes Hochhaus am Ort für seine Privatbank errichtet. Als Jude geriet er zunehmend in das Kreuzfeuer existenzieller nationalsozialistischer Verfolgung, wurde nach dem Novemberprogrom 1938 in den Konzentrationslagern Buchenwald und Sachsenhausen interniert und musste schließlich das Bankhaus und das gesamte Vermögen der Familie an den Staat abtreten. Jedoch konnte er über die Niederlande nach Argentinien fliehen und lebte später bis zu seinem Tod 1970 in Jerusalem,[59] und auch seinen Kindern gelang die Flucht. Ihre Mutter aber, Krochs Ehefrau Ella, wurde auf ihrem Fluchtweg gefasst, in das Konzentrationslager Ravensbrück eingeliefert und zwei Jahre später in den Tagen zwischen dem 10. und 12. Mai 1942 in einer Gaskammer der „Landes-Heil- und Pflegeanstalt Bernburg" ermordet. Das gleiche Los traf Steindorffs Schwester Lucie; sie kam höchstwahrscheinlich mit demselben Transport wie Ella Kroch aus Ravensbrück nach Bernburg und wurde zur gleichen Zeit umgebracht.[60] Unser Gedenken an die Wiedereröffnung des Ägyptischen Museums am 12. Mai 1976 wird künftig auch den grausamen Tod der beiden Frauen einschließen.

Seit 1939 wurde das Kroch-Hochhaus von der damals in Leipzig ansässigen Industrie- und Handelsbank AG genutzt. 1953 ging es in Universitätseigentum über, denn es war auf universitätseigenem Grund errichtet worden, und der ursprüngliche Nutzungsvertrag sah die spätere Übernahme durch die Universität ausdrücklich vor. Über viele Jahre dienten die Räume der Universitätsbibliothek und anderen universitären Institutionen, darunter seit 1983 der Kustodie, die den europäischen Kunstbesitz der Universität vom Mittelalter bis zur Gegenwart verwaltet und hier eine rege, erfolgreiche Ausstellungstätigkeit entfaltet hat. Als der elfgeschossige Bau von 2007 bis 2009 geräumt und denkmalgerecht saniert wurde, verlegte die Kustodie ihr Ausstellungszentrum in das Rektoratsgebäude in der Ritterstraße, während die unteren fünf Stockwerke des Kroch-Hauses dem Ägyptologischen Institut und dem Ägyptischen Museum, die höheren Etagen anderen Universitätseinrichtungen zugesprochen wurden.

Für Friederike Seyfried, die damalige Kustodin des Museums, und ihr Team war die Gestaltung der neuen Schauräume eine besondere Herausforderung, musste doch die denkmalgeschützte moderne Schmuckkultur des Gebäudes im Stil des Art déco mit der altägyptischen Formensprache in Einklang gebracht werden. Als die Dauerausstellung und das den Besuchern gleichfalls zugängliche Magazin am 26. Juni 2010 feierlich eröffnet

59 Eine Monographie wird vorbereitet; vgl. Spithaler u. a., Kroch.

60 Vgl. Blumenthal, Biografisches, S. 9. Die Unsicherheit über die Daten erklärt sich aus der schematischen Buchführung der Bernburger Angestellten, die das Mordgeschehen verzeichneten. - Ich verdanke diese Details den Recherchen von Kerstin Seidel, die sich vor Ort kundig gemacht hat.

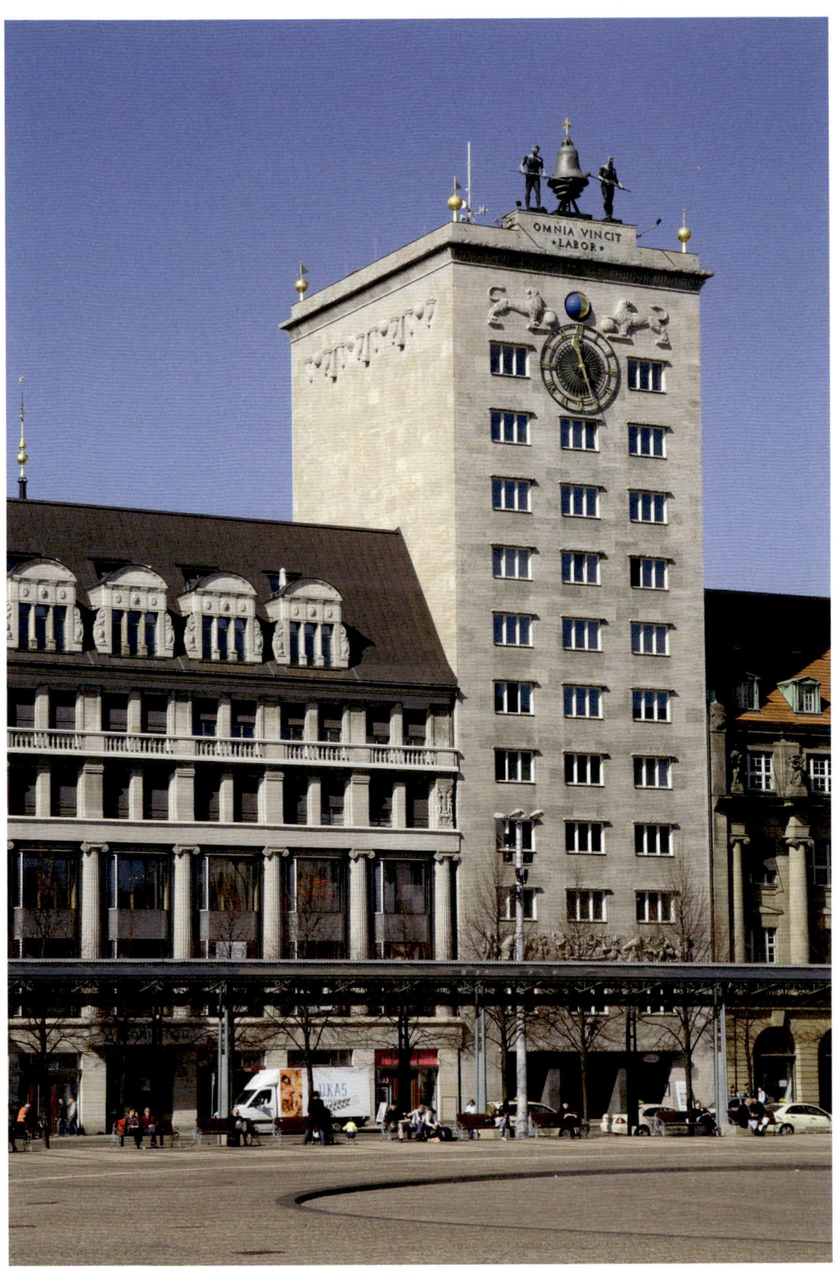

Kroch-Hochhaus am Augustusplatz, Goethestraße 2, seit 2010 Standort des Ägyptologischen Instituts/ Ägyptischen Museum – Georg Steindorff – . Foto: Marion Wenzel

wurden, zeigte sich, dass die anspruchsvolle Symbiose vollkommen gelungen war.

Schon seit 2008 sind Ägyptologisches Institut und Ägyptisches Museum durch den gemeinsamen Namenszusatz „Georg Steindorff“ verklammert. Dieser Name bedeutet Verpflichtung und Warnung. Verpflichtend steht er für die Aufgabe, die zeitlich und räumlich weit entfernte pharaonische Kultur zu bewahren, zu erforschen und als grundlegende Etappe der Menschheitsgeschichte zu erschließen. Warnen soll er vor der zunehmenden Gefahr, dass sich Kulturbarbarei und Menschheitsverbrechertum erneut in Deutschland und in ganz Europa ausbreiten, so wie es in unserer jüngeren Geschichte unter uns geschehen ist. Mahnung und Warnung vermitteln auch die Publikationen der letzten Jahre über Georg Steindorff und seine Zeit, und in der ständigen Ausstellung halten Vitrinen und Schautafeln das Gedächtnis an ihn und Hans Kroch und ihre Familien wach.

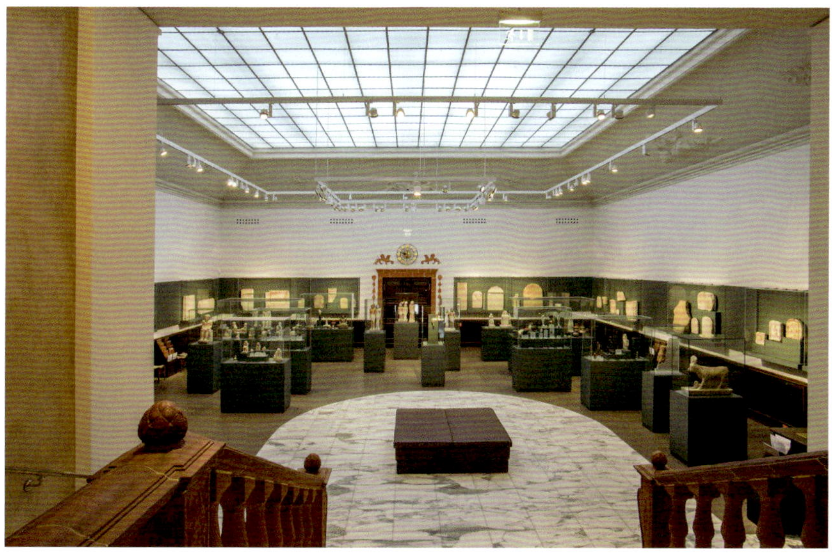

Ausstellungshalle des Museums im Kroch-Hochhaus, Goethestraße 2. Foto: Marion Wenzel

ANHANG

1. Verzeichnis der erwähnten Personen

Mein Text ist als Beitrag zur Geschichte des Ägyptologischen Instituts / Ägyptischen Museums der Universität Leipzig nach dem Zweiten Weltkrieg und somit als Beitrag zur Universitätsgeschichte gedacht; deshalb ist das Register in Personen unterteilt, die an der Universität studiert haben oder angestellt waren, und solche, die aus anderen Gründen erwähnt sind. Letztere sind ausschließlich mit ihren Namen aufgeführt, die Universitätsangehörigen je nach ihrer Stellung im Leipziger ägyptologischen Bereich mit mehr oder minder ausführlichen Daten. Wo nicht ausdrücklich andere Ortsnamen genannt sind, beziehen sich alle Angaben auf die Leipziger Universität. Folgen akademische Titel den Namen der Personen unmittelbar, so haben ihre Träger diese an anderen Universitäten erworben (z. B. Fischer Elfert, Hans-Werner Dr. phil. habil., ... seit 1999 Professor); die in Leipzig verliehenen Graduierungen sind mit den Daten ihres Erwerbs in den Biogrammen verzeichnet (z. B. Morenz, Siegfried 1934–1939 Studium ... 1952 Professor). Diese Regel tritt außer Kraft bei Rektoren, Sektionsdirektoren und anderen Mitarbeitern der akademischen Selbstverwaltung, die keine Ägyptologen waren, denn zu ihnen werden nur solche Angaben gemacht, die zum Verständnis der geschilderten Vorgänge nötig sind.

Die wissenschaftlichen Biogramme erfassen nur den Zeitraum der Zugehörigkeit der Einzelnen zur Universität; dasselbe gilt von Todesdaten. Die Einträge sind also von Person zu Person verschieden und in Umfang, Form und Inhalt heterogen. Trotzdem scheinen sie mir im universitäts- und zeitgeschichtlichen Kontext notierenswert zu sein.

1.1 Mitarbeiter und Studierende der Universität Leipzig

1969 Promotion B (= Dr. sc. phil., 1991 umgewandelt in Dr. phil. habil.), 1977–1984 Professorin, 1984 Ruhestand

Becher, Renate s. Krauspe

Blödorn, Heide 43
1988–1991 Wissenschaftliche Hilfskraft, 1991–1996 Studium der Ägyptologie, später in München und Mainz

Blumenthal, Elke 10, 23, 31, 60, 65, 66, 67, 72, 84, 85, 87, 88, 92
1956–1961 Studium der Kunstgeschichte und Ägyptologie, 1961 Diplom (Ägyptologie),1961–1978 Wissenschaftliche Assistentin bzw. Oberassistentin, 1964 Promotion, 1977 Promotion B (= Dr. sc. phil., 1991 umgewandelt in Dr. phil. habil.), 1970–1999 Leiterin von Institut/Museum, 1978 Dozentin, 1986 Professorin, 1987–2007 Mitherausgeberin der ZÄS, 1999 Ruhestand

Calov, Gudrun 8, 32
1956–1958 Studium der Kunstgeschichte, später in München, Köln, Stuttgart

Debes, Dietmar 53
Dr. phil., seit 1949 Bibliothekar an der Universitätsbibliothek, 1959–1990 Leiter der Handschriften- und Inkunabelabteilung und Leiter der Sondersammlungen, Kustos der Kunstsammlungen, 1990–1992 Interimsdirektor der Universitätsbibliothek, 1992 Ruhestand

Donner, Herbert 28
1949–1954 Studium der evangelischen Theologie, Altorientalistik und Ägyptologie, 1954 cand. theol., 1957 alttestamentliche Promotion (Dr. theol.), 1958 assyriologische Promotion (Dr. phil.), bis 1958 zeitweise Mitarbeiter der Sächsischen Akademie der Wissenschaften zu Leipzig, Aspirant und Lehrbeauftragter am Ägyptologischen Institut, später in Göttingen,Tübingen und Kiel

Ebers, Georg 11, 89, 90
Dr. phil. habil., seit 1870 Professor, 1874 Gründer des „Aegyptologischen Apparats“, bis 1889 dessen Direktor, 1889 Ruhestand

Erkes, Eduard 26

1910–1913 Studium der Philologie, Sinologie, Ethnologie, Geschichte, 1913 Promotion, 1917 Habilitation (Sinologie), 1917–1928 Privatdozent für Sinologie, 1928–1933 a.o. Professor, 1933 aus politischen Gründen entlassen, 1948–1958 o. Professor, 1958 gestorben.

Etzoldt, Horst 10, 17, 22, 23, 41, 60, 91

1948–1990 Restaurator, 1990 gestorben

Felber, Heinz 60

Dr. phil., 1996–1999 Wissenschaftlicher Assistent, 1999–2002 Mitarbeiter der Sächsischen Akademie der Wissenschaften und Lehrbeauftragter, später in Mainz und Köln

Fischer-Elfert, Hans-Werner 8, 58, 60, 83, 86, 87

Dr. phil. habil., Nachfolger von Elke Blumenthal, seit 1999 Professor und Direktor von Institut/Museum, seit 2000 Mitherausgeber der ZÄS

Fleischer, Ulrike (verh. Kretzschmar) 43

1987–1989 Sekretärin, 1989–1994 Studium der Alten Geschichte und Ägyptologie

Freier, Elke (geb. Kindler) 8, 74

1961–1966 Studium der Ägyptologie, 1966 Diplom, 1966–1970 Promotionsaspirantin, 1970 Promotion, später in Ostberlin

Geiler, Gottfried 35

Prof. Dr. med. (Pathologie), 1990–1991 Mitglied des Rektoratskollegiums *ad interim*

Götz, Wolfgang 31, 34, 35, 88

Prof. Dr. phil., 1947–1952 Studium der Kunstgeschichte, 1952–1953 Wissenschaftlicher Assistent am Kunsthistorischen Institut, 1956 Promotion, 1953–1958 Oberassistent, 1958 wegen „Republikflucht" Entzug des Doktortitels, später in Saarbrücken; 1990 von der Universität Leipzig rehabilitiert

Grieshammer, Reinhard 28

1952–1957 Studium der evangelischen Theologie und Ägyptologie, 1957 cand. theol., später in Heidelberg

Grüß, Hans 20, 91

Dr. phil., 1957–1992 Lehrbeauftragter bzw. Dozent, 1992–1994 Professor am Institut für Musikwissenschaft/Musikinstrumenten-Museum, 1957–2001 Leiter der von ihm gegründeten Capella Fidicinia, die bis 1995 dem Musikinstrumenten-Museum angeschlossen war, 1994 Ruhestand

Grunert, Stefan 10

1966–1970 Studium der Klassischen Archäologie und Ägyptologie, später in Ostberlin (dort ägyptologische Promotion)

Gutjahr-Löser, Peter 60

1991–2005 Kanzler, 2005 Ehrenpromotion, 2005 Ruhestand

Hähnel, Joachim 32

1954–1958 Studium der Kunstgeschichte, später in Nordrhein-Westfalen

Handel, Gottfried 28, 29

Prof. Dr., 1976–1980 Professor für Dialektischen und Historischen Materialismus, 1980 gestorben

Heller, Angela s. Onasch, Angela

Hennig, Horst 34

Prof. Dr. rer. nat. (Anorganische Chemie), 1987–1990 Rektor der KMU

Herrmann, Siegfried 28

1947–1952 Studium der evangelischen Theologie und Ägyptologie, 1952 cand. theol., 1952–1959 Assistent und Lehrbeauftragter an der Theologischen Fakultät, 1955 ägyptologische Promotion (Dr. phil.), 1957 alttestamentliche Promotion (Dr. theol.), 1959 Habilitation (Dr. theol. habil.), später Professor für Altes Testatment in Ostberlin und nach langen Schwierigkeiten legal einem Ruf nach Bochum gefolgt

Hiller, Irmgard 32

1948–1949 Studium der Rechte, 1949–1953 Studium der Kunstgeschichte und Germanistik, 1953–1958 Wissenschaftliche Assistentin am Kunsthistorischen Institut, später in Köln

Jahn, Johannes 31, 33, 34
1913–1917 Studium der Kunstgeschichte, 1917 Promotion, 1927 Habilitation, 1927–1934 Privatdozent, 1934–1956 a.o. Professor, seit 1956 o. Professor, 1958–1964 Direktor des Kunsthistorischen Instituts, 1964 Ruhestand; seit 1945 gleichzeitig Direktor des Leipziger Museums der Bildenden Künste, 1968 aus politischen Gründen entlassen

Karg-Gasterstädt, Elisabeth 31
Prof. Dr. phil. (Altgermanistik), 1952–1955 Professorin für Ältere deutsche Sprache

Kindler, Elke s. Freier

Köpstein, Silvia 46
1982–1987 Studium der Ägyptologie in Ostberlin, 1987–1990 Forschungsstudium (= Promotionsstudium) in Leipzig, Promotion 1990, später in Berlin

Krause, Martin 15, 28
1949–1952 und 1953–1954 Studium der evangelischen Theologie, Ägyptologie und Religionsgeschichte in Leipzig, 1952–1953 an der Humboldt-Universität Ostberlin, 1954 cand. theol. in Leipzig, 1956 koptologische Promotion zum Dr. phil. in Berlin, 1958 koptologische Promotion zum Dr. theol. in Leipzig, später in Ostberlin, Kairo und Professor für Koptologie in Münster/Westf.

Krauspe, Renate (geb. Becher) 19, 23, 39, 60, 71, 91
1957–1961 Studium der Ägyptologie, 1961 Diplom, 1961–1999 Wissenschaftliche Assistentin bzw. Kustodin, 1966 Promotion, 1962–1998 Redakteurin der Zeitschrift für ägyptische Sprache (ZÄS), 1999 Ruhestand

Kriesel, Christa s. Müller, Christa

Kröger, Maria 44
1981–1986 Museumsassistentin, später in Jena

Kück, Gert 36, 49
Prof. Dr. rer. oec. (Ökonomie der Entwicklungsländer), 1980–1986 Direktor der Sektion ANW

Ladendorf, Heinz 8, 31, 32, 33, 34, 86, 88
1927–1932 Studium der Kunstgeschichte in Leipzig und

Prag, 1935 Promotion in Leipzig, 1946–1948 Assistent am Kunsthistorischen Institut, 1948 Habilitation, 1948–1953 Dozent, 1952–1958 Professor für Kunstgeschichte, 1958 wegen „Republikflucht" Entzug des Doktor- und des Professorentitels, später in Köln; 1990 von der Universität Leipzig rehabilitiert

Landsberger, Benno 26
Studium der Semitistik und Altorientalistik, 1915 Promotion, 1920 Habilitation, 1925–1928 Professor für Altorientalistik in Leipzig, 1928–1929 in Marburg, 1929–1935 wieder in Leipzig, aus rassistischen Gründen verfolgt, 1935 entlassen, in die Türkei, später in die USA emigriert

Leutert, Gerald 35
Prof. Dr. med. (Anatomie), 1990–1991 Vorsitzender des Rektoratskollegiums *ad interim*

Luft, Ulrich 10
1961–1966 Studium der Ägyptologie, 1966 Diplom, seit 1966 in Ostberlin, 1970 Promotion in Leipzig, später in Budapest

Mildenberger, Gerhard 31
Prof. Dr. phil. (Ur- und Frühgeschichte), 1954–1959 Direktor des Instituts für Ur- und Frühgeschichte, später in Marburg und Bochum

Morenz, Siegfried 10, 11, 14, 15, 17, 18, 19, 21, 22, 25, 28, 29, 33, 34, 36, 39, 40, 41, 44, 45, 70, 79, 85, 86, 90, 91
1934–1939 Studium der evangelischen Theologie, 1939 cand. theol., 1939–1941 Studium der Ägyptologie (weitgehend autodidaktisch), 1941 ägyptologische Promotion mit koptologischer Arbeit (Dr. phil.), 1941–1946 Wissenschaftliche Hilfskraft am Ägyptologischen Institut/Ägyptischen Museum, 1946 Habilitation für Ägyptologie und hellenistische Religionsgeschichte, 1946–1952 Dozent, 1952 Professor, 1952–1970 Direktor von Institut/Museum, 1952–1958 gleichzeitig Direktor des Ägyptischen Museums und der Papyrussammlung der Staatlichen Museen zu Berlin, 1961–1966 gleichzeitig Direktor des Aegyptologischen Seminars der Universität Basel, 1954–1970 Mitherausgeber der Zeitschrift für Ägyptische Sprache, 1970 gestorben

Müller, Christa (geb. Kriesel) 8, 28, 74

1954–1958 Studium der Ägyptologie, 1958 Diplom, 1958–1960 Wissenschaftliche Assistentin, 1960 Promotion, später in Göttingen

Müller, Dieter 17, 22, 28

1953–1958 Studium der Klassischen Philologie und Ägyptologie, 1958 Diplom (Klassische Philologie), 1958–1960 Lehrer in Halle, dann Mitarbeiter der Sächsischen Akademie der Wissenschaften bzw. Lehrbeauftragter und Wissenschaftlicher Assistent am Ägyptologischen Institut, 1960 Promotion (Ägyptologie), später in Würzburg, USA und Kanada

Mylius, Klaus 26, 84, 87

Prof. Dr. phil. Dr. rer. nat., 1959–1970 Gastprofessor für Althistorisches Recht, 1970–1990 Dozent bzw. Professor für Sanskritistik, später in Bayreuth

Naether, Franziska 60

1999–2004 Studium der Ägyptologie, 2004 M.A., 2009 Promotion, seit 2011 Wissenschaftliche Assistentin

Nagel, Peter 28

1956–1961 Studium der evangelischen Theologie, Ägyptologie und Religionsgeschichte, 1961 cand. theol. und Promotion zum Dr. theol., 1961–1980 Wissenschaftlicher Assistent, Oberassistent und Lehrbeauftragter für Koptologie an der Universität Halle, 1965 koptologische Promotion (Dr. phil.) in Leipzig, 1967 Habilitation, 1980 Professor für Koptologie in Halle/S., später in Bonn

Nimschowski, Helmut 26

Prof. Dr. phil. (Geschichte der Entwicklungsländer), 1976–1980 stellvertretender Direktor für Forschung an der Sektion ANW

Oelsner, Joachim 28

1950–1956 Studium der evangelischen Theologie, Altorientalistik und Semitistik, 1956 cand. theol., 1961 semitistische Promotion (Dr. phil.), 1956–1966 Wissenschaftlicher Assistent bzw. Oberassistent am Orientalischen Institut in Leipzig, 1966–1980 Wissenschaftlicher Mitarbeiter bzw. Kustos an der Hilprecht-Sammlung Vorderasiatischer Altertümer in Jena, 1970 Promotion B in Altorientalistik (=

Dr. sc. phil., 1991 umgewandelt in Dr. phil. habil.), 1980 Dozent, 1993 Professor in Jena, Lehrbeauftragter in Leipzig, Halle, Ostberlin, 1997 Ruhestand

Oerter, Wolf-Burkhard 10

1966–1971 Studium der Ägyptologie, 1971 Diplom, 1971–1974 Forschungsstudent (= Doktorand) und 1974–1976 Wissenschaftlicher Assistent am Lehrstuhl Religionsgeschichte, 1976 Promotion, später in Prag

Onasch, Angela (geb. Heller) 8, 20, 23, 58, 60, 73

1965–1969 Studium der Germanistik, Romanistik und Ägyptologie, 1969 Diplom, 1969–1976 Sachbearbeiterin, 1976–1984 Museumsassistentin am Ägyptologischen Institut, 1982 Promotion (Ägyptologie), 1984–2009 Wissenschaftliche Mitarbeiterin, 2009 Ruhestand, seit 2010 Vorsitzende des Freundeskreises des Ägyptischen Museums

Onasch, Christian 10

1966–1971 Studium der Ägyptologie, 1971 Diplom, 1976–1984 Wissenschaftlicher Assistent am Lehrstuhl Religionsgeschichte, zuvor in Ostberlin (dort Promotion), später in Leipzig, Halle und München

Prause, Marianne 32, 33

1948–1952 Studium der Kunstgeschichte und Germanistik, 1952–1958 Wissenschaftliche Assistentin am Kunsthistorischen Institut, später in Köln und Westberlin

Rathmann, Lothar 19, 26, 78, 87, 90

Prof. Dr. phil. (Geschichte der Entwicklungsländer), 1975–1987 Rektor

Raue, Dietrich 8, 59, 60, 65, 66, 85, 86, 87

Dr. phil., seit 2010 Kustos, 2015 Habilitation, Privatdozent, seit 2012 Leiter der ägyptisch- deutschen Grabung Kairo-Mataryia/Heliopolis in Kooperation mit Aiman Ashmawy, Ägyptisches Antikenministerium Kairo

Renger, Johannes 28

1952–1957 Studium der evangelischen Theologie, Semististik und Altorientalistik, 1957 cand. theol., später in Chicago und Westberlin

Richter, Tonio Sebastian 60, 83, 87

1987–1992 Studium der evangelischen Theologie an den Kirchlichen Hochschulen Leipzig (zuvor Theologisches Seminar) und Naumburg (zuvor Katechetisches Oberseminar), 1993 cand. theol. (2002 umgewandelt in dipl. theol.), 1993–1996 Studium der Ägyptologie, 1996 M.A., 1998 koptologische Promotion (Dr. phil.), 1999–2005 Wissenschaftlicher Assistent am Ägyptologischen Institut, 2005 Habilitation, 2006–2011 Oberassistent und Lehrstuhlvertreter, später in Berlin, 1998–2007 Redakteur der Zeitschrift für Ägyptische Sprache, seit 2007 deren Mitherausgeber

Rudolph, Kurt 28

1948–1949 Studium der evangelischen Theologie, Religionsgeschichte und Semitistik in Greifswald, 1949–1953 in Leipzig, 1953 cand. theol., 1956 religionswissenschaftliche Promotion (Dr. theol.), 1957 religionswissenschaftliche Promotion (Dr. phil.), 1961 religionswissenschaftliche Habilitation (Dr. phil. habil.), 1963–1984 Professor für Religionsgeschichte, später in Marburg

Schönfelder, Ingo 27, 90

Dr. iur. (Recht der Entwicklungsländer), Wissenschaftlicher Sekretär des Rektors Rathmann

Seidel, Kerstin 8, 23, 43, 60, 65, 67, 86, 87

1980–1981 Aufsichtskraft, 1981–1987 Sekretärin, 1987–1992 Mitarbeiterin für Öffentlichkeitsarbeit, 1986–1992 nebenberufliches Fachschulstudium für Wissenschaftliche Bibliothekare, 1991–1993 Zusatzstudium mit Fachhochschulabschluss, seit 1992 Museumsassistentin, daneben Studium der Ägyptologie, 2013 M.A.

Seyffarth, Gustav 63, 64

1815–1819 Studium der evangelischen Theologie und klassischen Sprachen, Schüler von Spohn, 1823 Promotion, 1825 Professur für Philosophie, 1830 Nominalprofessur für Archäologie, 1855 vorzeitig ausgeschieden, später in den USA

Seyfried, Friederike 60, 67, 86

Dr. phil.,1999–2010 Kustodin, später in Berlin

Spiekermann, Antje 60
M.A., 2000–2003 Wissenschaftliche Mitarbeiterin, später in Hildesheim

Spohn, Friedrich August Wilhelm 63, 64, 78
Nach Vorstudien in Wittenberg 1815 Immatrikulation und Habilitation für Klassische Sprachen in Leipzig, Kustos an der Universitätsbibliothek, 1817 a.o. Professor, 1819 o. Professor, 1824 gestorben

Stegbauer, Katharina 8, 60
1993–2001 Studium der Ägyptologie, 2001 M.A., 2001–2009 Tutorin und Projektmitarbeiterin, 2008 Promotion, seit 2009 Lehrbeauftragte

Steindorff, Georg 11, 26, 30, 31, 52, 59, 65, 66, 67, 69, 85, 87, 88, 89, 90
Dr. phil. habil., 1893–1934 Professor und Direktor von Institut/Museum, ab 1903 Ausgrabungen in Ägypten, 1934 Ruhestand, 1894–1937 Herausgeber bzw. Mitherausgeber der ZÄS, aus rassistischen Gründen verfolgt, 1939 in die USA emigriert

Steinmann, Frank 10, 19, 23, 60, 86
1966–1971 Studium der Ägyptologie, 1971 Diplom, 1971–1974 Forschungsstudent (= Doktorand), 1974 Promotion, 1974–2011 Wissenschaftlicher Mitarbeiter, 2011 Ruhestand

Stübler, Dietmar 52
Prof. Dr. phil. (Neue Geschichte), 1986–1990 Prorektor für Gesellschaftswissenschaften

v. Stülpnagel, Karl Heinrich 8, 60
Seit 1992 Restaurator

Tanner, Rolf 28
Jurist, in der Volkswirtschaft tätig, Gasthörer in Ägyptologie, 1966 ägyptologische Promotion, Habilitand von Morenz

Träger, Claus 45
Prof. Dr. phil. (Germanistische Literaturwissenschaft), 1969–1974 Direktor der Sektion Kulturwissenschaften und Germanistik

Unger, Reingart (geb. Würfel) 8, 28, 80

1948–1952 Studium der Ägyptologie, 1952 Diplom, 1952–1958 Wissenschaftliche Assistentin, 1958 Promotion, später in Basel und Münster

Unger, Ulrich 28, 29, 34

1948–1952 Studium der Sinologie, Ägyptologie und Indologie, 1952 Diplom (Sinologie), 1953–1956 Promotionsaspirant, 1957 Promotion, 1957–1958 Habilitationsaspirant, zeitweise Lehrbeauftragter am Ägyptologischen Institut; 1958 wegen „Republikflucht" Entzug des Doktortitels, später in Freiburg/Brsg. und Münster/Westf.

Voigt, Manfred 39, 47

Prof. Dr. rer. oec. (Wirtschaftsgeschichte der Entwicklungsländer), 1975–1980 Direktor der Sektion ANW

Wartenberg, Günther 35

Prof. Dr. theol. Dr. phil. (Kirchengeschichte), 1990–1991 Mitglied des Rektoratskollegiums *ad interim*

Weller, Friedrich 31

Prof. Dr. phil. (Indologie, Buddhologie), 1928–1958 Direktor des Indologischen Instituts

Werner, Ernst 45

Prof. Dr. phil. (Mediävistik), 1967–1969 Rektor

Winkler, Gerhard 18, 19, 90

Prof. Dr. rer. pol. (Agrarökonomie), 1965–1975 Rektor

Winterlich, Rosa 10

1950–1973 Reinigungskraft, 1973 Ruhestand

Wolf, Walther 11

Dr. phil., 1928–1934 Wissenschaftlicher Assistent, 1928 Habilitation, 1928–1934 Privatdozent, 1934 a.o. Professor und Direktor von Institut und Museum, 1935–1937 Mitherausgeber, 1938–1943 alleiniger Herausgeber der ZÄS, 1939 o. Professor, 1939–1945 Kriegsteilnahme, 1945–1946 Kriegsgefangenschaft, 1946 ausgeschieden, später in Münster/Westf.

Würfel, Reingart s. Unger, Reingart

1.2 Weitere Personen

2. DDR-spezifische Abkürzungen

ABF	Arbeiter- und Bauernfakultät (1949–1963, Nachfolger der Vorstudienanstalten zur Vorbereitung auf das Hochschulstudium)
ANW	Sektion Afrika- und Nahostwissenschaften (an der KMU)
BKK	Bereich Kommerzielle Koordinierung (im MfS)
CDU	Christlich-Demokratische Union (in der DDR „Blockpartei" mit der SED und anderen Parteien im „antifaschistisch-demokratischen Block")
DDR	Deutsche Demokratische Republik
Dr. sc.	Dr. scientiae (mit Zusatz der Fachrichtung): Doktor der ... Wissenschaft. Unter dem Namen Promotion B seit 1968 DDR-spezifische Art der Habilitation, bei der die Lehrbefähigung (*venia legendi*) ausgeklammert war und in einem eigenen Verfahren (*facultas docendi*) gesondert erworben werden musste. Der Titel konnte seit 1991 auf Antrag in Dr. habil. umgewandelt werden.
IM	Inoffizieller Mitarbeiter (des Ministeriums für Staatssicherheit)
KMU	Karl-Marx-Universität (1953–1991)
KoKo	(Bereich) Kommerzielle Koordinierung (des gesamten Außenhandels)
KuA	Kunst & Antiquitäten GmbH
LFB	Lehr- und Forschungsbereich (Struktureinheit innerhalb der Sektionen)
M	Mark der DDR
MfK	Ministerium für Kultur
MfS	Ministerium für Staatssicherheit (s. Stasi)
MHF	Ministerium für das Hoch- und Fachschulwesen
NSW	Nicht-sozialistischer Währungsbereich
OibE	Offizier im besonderen Einsatz (des MfS)
SED	Sozialistische Einheitspartei Deutschlands
Stasi	Staatssicherheitsdienst (s. MfS)
UZ	Universitätszeitung (der KMU), 1957–1991 als Organ der SED-Kreisleitung erschienen
VEB	Volkseigener Betrieb

3. Literaturverzeichnis

Aberkennungen akademischer Titel im Nationalsozialismus Leipzig 1937–1944. https://www.archiv.uni-leipzig.de/geschichte/universitätsgeschichte/ehrenbuch (*Stand 24.09.2017*).

S. Bickel, Hans-W. Fischer-Elfert, A. Loprieno, S. Richter (Hgg.), Ägyptologen und Ägyptologien zwischen Kaiserreich und Gründung der beiden deutschen Staaten. Reflexionen zur Geschichte und Episteme eines altertumswissenschaftlichen Faches im 150. Jahr der *Zeitschrift für ägyptische Sprache und Altertumskunde*, Berlin 2013 = ZÄS B 1.

M. L. Bierbrier, Who Was Who in Egyptology, Fourth Revised Edition, London 2012 = Egypt Exploration Society Publications.

J. Blecher, G. Wiemers, „... durch sein Verhalten des Tragens einer deutschen akademischen Würde unwürdig ...". Akademische Graduierungen und deren nachträglicher Entzug an der Universität Leipzig zwischen 1900 und 1935, in: Figuren und Strukturen. Historische Essays für Hartmut Zwahr zum 65. Geburtstag, München 2002, S. 679–698.

J. Blecher, Akademische Graduierungen und deren Entzug im Dritten Reich und in der DDR. Untersuchungen am Beispiel der Universität Leipzig, in: D. Döring (Hrsg.), Universitätsgeschichte als Landesgeschichte. Die Universität Leipzig in ihren territorialgeschichtlichen Bezügen, Leipzig 2007 = Beiträge zur Leipziger Universitäts- und Wissenschaftsgeschichte (BLUWiG) Reihe A, Bd. 4, S. 163–183.

E. Blumenthal, Hundert Jahre Ägyptisches Museum in Leipzig. Neueröffnung und Symposium, in: Ethnographisch-Archäologische Zeitschrift 18, 1977, S. 160–163.

E. Blumenthal, Ägyptologie in Leipzig bis zum zweiten Weltkrieg, in: Mylius, Progressive Traditionen, S. 119–129.

E. Blumenthal, Altes Ägypten in Leipzig. Zur Geschichte des Ägyptischen Museums und des Ägyptologischen Instituts an der Universität Leipzig, Leipzig 1981.

E. Blumenthal, Dem „Verräter" wurde der Dr. phil. aberkannt. Nachträgliche Würdigung eines ehemals „Unwürdigen", in: Universitätszeitung (im Folgenden UZ) 24, 2. 7. 1990, S. 5.
(*anschließende Diskussionsbeiträge* s. Feige, in: UZ 26, 1990 und 31, 1990 sowie Buscha, in: UZ 28, 1990).

E. Blumenthal, Ägyptologie in der Akademie, in: G. Haase, E. Eichler (Hgg.), Sächsische Akademie der Wissenschaften zu Leipzig. Wege und Fortschritte der Wissenschaft. Beiträge von Mitgliedern zum 150. Jahrestag ihrer Gründung, Berlin 1996, S. 523–545.

E. Blumenthal, Ein Leipziger Grabdenkmal im ägyptischen Stil und die Anfänge der Ägyptologie in Deutschland, Leipzig 1999.

E. Blumenthal, Berliner und Leipziger Ägyptologie, in: E. Endesfelder (Hg.), Von Berlin nach Meroe. Erinnerungen an den Ägyptologen Fritz Hintze (1915–1993), Wiesbaden 2003, S. 15–20.

E. Blumenthal, Das „erste Leben" der Hilde Hemer, geborene Steindorff, in: Leipziger Blätter 59, 2011, S. 56–58.

E. Blumenthal, Siegfried Morenz (1914–1970), in: G. Wiemers (Hg.), Leipziger Lebensbilder 7, Leipzig/Stuttgart 2015 = Quellen und Forschungen zur sächsischen Geschichte 39, S. 369–388.

E. Blumenthal, Leipziger Erinnerungen an Erika Endesfelder, in: F. Feder u.a. (Hgg.), Ägypten begreifen, S. 5–7.

E. Blumenthal, Biografisches bis zum Exil, 1861–1939, in: Raue, Georg Steindorff, S. 9–28.

G. Blutke, Obskure Geschäfte mit Kunst und Antiquitäten. Ein Kriminalreport, Berlin 1990
(*zur Münzsammlung Neumann S. 34f., 47f.*).

A. Buscha, Opfer dürfen nicht zu Tätern werden, in: UZ 28, 17. 9. 1990, S. 2.

M. Eaton-Krauss, Bernhard V. Bothmer – a biographical essay covering the years through 1941, in: Mitteilungen des Deutschen Archäologischen Instituts Abteilung Kairo 70/71, 2014/15, S. 111–120.

E. Endesfelder, Die Ägyptologie an der Berliner Universität – Zur Geschichte eines Fachgebietes, Berlin 1988 = Berichte. Humboldt-Univ. Berlin 8 H. 6.

F. Feder, G. Sperveslage, F. Steinborn (Hgg.), Ägypten begreifen. Erika Endesfelder in memoriam, Berlin/London 2017 = Internet-Beiträge zur Ägyptologie und Sudanarchäologie (IBAES) 19, S. 5–8.

H.-U. Feige, Nur „echte“ Gegner zum Feind erklärt, in: UZ 26, 16. 7. 1990, S. 2.

H.-U. Feige, Ohne Segen lief nichts, in: UZ 31, 8. 10. 1990, S. 2.

O. Firchow, Übergabe geretteter Kunstschätze. Ägyptische Plastik, Leipzig 1959.

H.-W. Fischer-Elfert, F. Seyfried unter Mitarbeit von K. Seidel und F. Steinmann, Ägyptologie, in: U. v. Hehl u.a., Geschichte der Universität Leipzig 4.1, S. 325–344.

R. Frenzel, Erinnerung an den Kunsthistoriker Heinz Ladendorf, in: Universität Leipzig 5/92, Oktober 1992, S. 10–11.

Geschichte der Universität Leipzig, 1409–2009. Ausgabe in fünf Bänden herausgegeben im Auftrag des Rektors der Universität Leipzig Professor Dr. iur. Franz Häuser von der Senatskommission zur Erforschung der Leipziger Universitäts- und Wissenschaftsgeschichte, Leipzig 2009.

U. v. Hehl, U. John, M. Rudersdorf (Hgg.), Geschichte der Universität Leipzig 1409–2009 4.1 Fakultäten, Institute, Zentrale Einrichtungen, Leipzig 2009.

T. Henne (Hg.), Die Aberkennung von Doktorgraden an der Juristenfakultät der Universität Leipzig 1933–1945, Leipzig 2007.

„Hier sollte Ihr Titel stehen“. Die Universität Leipzig und der Paragraph 175. Ausstellung des Gleichstellungsbüros und des Universitätsarchivs der Universität Leipzig, Leipzig 2017.

H. Kischkewitz, Auferstanden aus Ruinen. 50 Jahre Wiedergeburt des Ägyptischen Museums Berlin, in: Amun 5/17, 2003, S. 30–35.

F. König, Demokratischer Neubeginn und Weichenstellung für die Zukunft, in: U. v. Hehl, G. Heydemann, K. Fitschen, F. König, Geschichte der Universität Leipzig 1409–2009. 3. Das zwanzigste Jahrhundert, Leipzig 2010 = Geschichte der Universität Leipzig 3, S. 783–908 (*zitierter Vorgang S. 823f.*).

[S. Morenz,] Bericht des Herrn Morenz über rückgeführte Kunstschätze des Leipziger Ägyptischen Museums. Entstehung und heutiger Stand der Sammlung, in: Sächsische Akademie der Wissenschaften zu Leipzig. Jahrbuch 1957–1959, Berlin 1961, S. 126–130.

K. Mylius (Hg.), Progressive Traditionen der Orientalistik an der Universität Leipzig, in: Karl-Marx-Universität Leipzig. Wissenschaftliche Zeitschrift. Gesellschafts- und Sprachwissenschaftliche Reihe 28, 1979, H. 1. darin: L. Rathmann, Zum Geleit, S. 5–6; K. Mylius, Zu den progressiven Traditionen der Orientalistik an der Leipziger Universität bis zum Jahre 1945, S. 7–14.

Professorenkatalog der Universität Leipzig. www.research.uni-leipzig.de/catalogus professorum-lipsiensium/leipzig/ (*Stand 24.09.2017*)

D. Raue, K. Seidel, Verkauf einer Sammlung. Leipzig und Deutschland 1936–1937, in: Amun 14/44, 2012, S. 34–40.

D. Raue (Hg.), Georg Steindorff – Stationen eines Lebens, Leipzig 2017 = Kleine Schriften des Ägyptischen Museums der Universität Leipzig 11.

V. Schulte, Der Literaturpapst als Fledermaus. Kleine Geschichten aus 600 Jahren Universität Leipzig, Beucha 2009.

K. Seidel, Von den Anfängen bis zur Gegenwart: Die Geschichte des Archivs am Ägyptologischen Institut/Ägyptischen Museum der Universität Leipzig und der Nachlass Georg Steindorff, in: Voss, Raue (Hgg.), Georg Steindorff, S. 487–568 (*chronologischer Abriss S. 488–492*).

H.-O. Spithaler, R. H. Weber, M. Zimmermann, Kroch – der Name bleibt. Schicksal eines jüdischen Familienunternehmens in Leipzig (*in Vorbereitung*).

Ausstellungskatalog Staatliche Museen zu Berlin. Schätze der Weltkultur von der Sowjetunion gerettet, Berlin 1958.

E. Staehelin, Laudatio Elke Blumenthal, in: H.-W. Fischer-Elfert, T. S. Richter (Hgg.), Literatur und Religion im Alten Ägypten. Ein Symposium zu Ehren von Elke Blumenthal, Stuttgart/Leipzig 2011 = Abh. d. Sächs. Akademie d. Wiss. Phil.-Hist. Kl. 81,5, S. 11–16.

G. Steindorff, Korrespondenz 1881–1951 (ÄMULA) https://arachne/dainst.org/project/steindorff.

T. Topfstedt, F. Zöllner, Kunstgeschichte, in: U. v. Hehl u.a., Geschichte der Universität Leipzig 1409–2009. 4.1, S. 218–234.

S. Voss, D. Raue (Hgg.), Georg Steindorff und die deutsche Ägyptologie im 20. Jahrhundert. Wissenshintergründe und Forschungstransfers, Berlin 2016 = ZÄS B 5.

[F. Weil,] Interview mit Professor Dr. Elke Blumenthal am 10. 03. 2008, in: G. Heydemann, F. Weil (Hgg.), „Zuerst wurde der Parteisekretär begrüßt, dann der Rektor ...“. Zeitzeugenberichte von Angehörigen der Universität Leipzig (1945–1990), Leipzig 2009 = Beiträge zur Leipziger Universitäts- und Wissenschaftsgeschichte (BLUWiG), B 16, S. 184–200.

Zeitungsartikel Wie wirksam ist das Kulturgutschutzgesetz? Neues Deutschland erhielt aus dem Ministerium für Kultur folgendes Schreiben, in: Neues Deutschland, 24. 11. 1989.

D. Wildung, *Bernhard V. Bothmer 13.10.1912–24.11.1993, in: ZÄS 122, 1995, S. I–III.*

Archivalien

Universitätsarchiv Leipzig (im Folgenden: UAL) Phil. Fak. Prom. 1544 (Promotionsakte H. Ladendorf)
UAL Phil. Fak. 674 (Professorenakte H. Ladendorf)
UAL Phil. Fak. Prom. 1647 (Promotionsakte W. Götz)
Vgl. Professorenkatalog der Universität Leipzig

Ägyptisches Museum der Universität Leipzig (im Folgenden: ÄMULA)
ÄMULA Korrespondenz K 30 und K 31 (Akte Neumann)
ÄMULA NL Georg Steindorff, Dokumente
ÄMULA Georg Steindorff, Korrespondenz: vgl. Literaturverzeichnis s.v. Steindorff

Der Bundesbeauftragte für die Unterlagen des Staatssicherheitsdienstes der ehemaligen Deutschen Demokratischen Republik – AST. Leipzig – ZMA BV Lpz. Abt. XX–11483
(Stasi-Akte Elke Blumenthal)

4. Dokumente

4.1 Ansprache zur Eröffnung des Ägyptischen Museums der Karl-Marx-Universität am 12. Mai 1976 im Musikinstrumenten-Museum

Elke Blumenthal

Die Mitarbeiter der Fachgruppe Ägyptologie sind eben für ihren Einsatz beim Aufbau des Ägyptischen Museums mit „Lobgold“ ausgezeichnet worden und haben es gern angenommen. Gewiss mussten wir alle Energie daran wenden, das uns gesteckte Ziel in relativ kurzer Zeit zu erreichen. Aber wir wissen auch, dass das Zusammenwirken vieler Kräfte dazu nötig war. So ist es nun an uns, allen zu danken, die dazu beigetragen haben, dass eine dreißig Jahre alte Hoffnung in die Tat umgesetzt werden konnte. Die alten Ägypter würden am heutigen Tag Überlegungen darüber angestellt haben, ob ihr Werk „wie zur Zeit der Vorfahren“, oder ob es „größer und schöner als zur Zeit der Väter“ geworden sei.

Größer als zu Steindorffs Zeiten ist das Ägyptische Museum heute gewiss nicht; die Kriegsverluste lassen sich nicht ersetzen. Aber uns genügt es, dass der größte Teil der Bestände gerettet werden konnte und nach Auslagerung und Sicherstellung zurückgekehrt ist oder von der Regierung der UdSSR zurückgegeben wurde.

Und schöner? Nur wenige Zeitgenossen können noch das heutige mit dem ehemaligen Ägyptischen Museum aus eigener Anschauung vergleichen. Uns genügt es, dass wir die wichtigsten Objekte der Sammlung ausstellen und so zur Wirkung bringen konnten, wie es ihnen nach unserer Auffassung zukommt. Große und helle Ausstellungsräume und ausreichende Magazine sind die erste Voraussetzung für ein „schönes“ Museum. Wie wenig selbstverständlich sie ist, zeigt ein Blick auf die Geschichte der Leipziger Ägyptologie, die von jeher eine Geschichte von Raumproblemen gewesen ist. Die Akten sind voll von Anträgen, in denen die Erweiterung des Territoriums gefordert wird. Der Aegyptologische Apparat von Georg Ebers beginnt 1874 in zwei Zimmern im Augusteum der Alten Universität, von denen eins die Sammlung beherbergte und sonntags für das Publikum geöffnet war. Schon bald nach seinem Amtsantritt kann zwar Georg Steindorff 1897 die Ausstellung im Johanneum unterbringen, aber die Sammlung wächst und erfordert weitere Räumlichkeiten. 1911 kommt das erste Magazin hinzu, und 1916 wird der Sammlungsneubau, ein Anbau an das Johanneum, bezogen, in dem bis zur Bombennacht des 4. Dezember 1943 das Museum aufgestellt war. Aber es gibt immer neue Schwierigkeiten: fehlende Magazine, ein Glasdach, das den Regen durchlässt, Raumnot in Museum und Seminar. Auch werden die Räume zu selten gereinigt, so dass Steindorff in einem Schreiben an das Rentamt – die Universitätsverwaltung – seine Besorgnis für die Gesundheit von Mitarbeitern und Besuchern äußert und um Abhilfe bittet.

Man sieht, auch unsere Probleme haben Tradition. Aber sie sind zu unserer Zufriedenheit gelöst worden: Wir haben weiträumige, trockene Aufstellungsmöglichkeiten für Ausstellungs- und Magazinbestände bekommen, verfügen erstmals über zweckmäßige eigene Werkstätten, und auch in Fragen der Säuberung zeichnet sich eine Hoffnung ab.

Ein Museum muss nicht nur angemessen untergebracht, sondern es will auch finanziert sein. Schon Ebers klagt über Geldmangel und beantragt wiederholt Zuschüsse zum Institutshaushalt, und zu Steindorffs Zeiten hat es fast kein Jahr gegeben, in dem nicht der Etat überschritten worden wäre – einmal sogar um 90% - und nachträglich aufgestockt werden musste.

Die Investitionen, die für den Aufbau unseres Museums, für Umbauten, Handwerksarbeiten, Anschaffungen, Anfertigungen nötig waren, waren beträchtlich, und sie wurden uns großzügig und ohne Abstriche gewährt.

Unser erster Dank gilt daher der Universitätsleitung, die die materiellen Voraussetzungen für ein Ägyptisches Museum, so schön wie oder schöner als zur Zeit der Vorfahren, geschaffen hat.

Er gilt dem vorigen Rektor, Professor Winkler, der uns nach dem Tode von Professor Morenz aus der Reserve gelockt und dazu veranlasst hat, unsere Kräfte an einer Reihe von Sonderausstellungen zu erproben, der uns in seinem wissenschaftlichen Sekretär, Dr. Filipiak, einen energischen Helfer zur Seite gestellt und schrittweise die Bedingungen für den Einzug des Museums in seine nunmehrigen Räume erfüllt hat.

Wir danken der SED-Kreisleitung der Karl-Marx-Universität, vor allem dem bisherigen 1. Sekretär, Professor Richter, und Dr. Keller, dem Sekretär für Kultur, weil sie den Aufbau des Ägyptischen Museums schon vor mehreren Jahren zu einer politischen Führungsaufgabe erklärt und damit entscheidend gefördert haben.

Und wir danken Magnifizenz Professor Rathmann dafür, dass er uns seit dem Beginn seiner Amtszeit, der mit dem Beginn der harten Phase des praktischen Museumsaufbaus zusammenfiel, in schwierigen Situationen Beistand geleistet, uns mit seinem Interesse angespornt hat und heute selbst die Eröffnung vornimmt. Wir danken seinem persönlichen Referenten Dr. Schönfelder für seine stetige Bereitschaft, bei Schwierigkeiten aller Art einzugreifen, und für die straffe, sachliche Zusammenarbeit.

Unser Dank gilt ferner den Dienststellen, die die Beschlüsse der Universitätsleitung verwirklicht und uns tatkräftig unterstützt haben. Die wohlgelungene äußere Gestalt der Räume wird den leitenden Mitarbeitern der Bauverwaltung, besonders Bauleiter Bischof, und der Arbeit einer großen Zahl von Handwerkern verdankt. Bei der Beschaffung von Material und Einrichtungsgegenständen hat Frau Feldmann, Abteilung Materialwirtschaft, oft das Unmögliche möglich gemacht. Frau Herbst von der Grundstücksverwaltung hat uns jahrelang ihr Wohlwollen bewiesen. Und wenn es auch beim Museumsaufbau nicht zu sensationellen Etatüberschreitungen im Stile Steindorffs gekommen ist, so waren wir doch oft genug auf sofortige finanzielle Hilfe angewiesen, die Herr Kaesehagen jederzeit gewährt hat.

Auch die Unterstützung, die das Ägyptische Museum von der Sektion Kulturwissenschaften und Germanistik, dem früheren und dem jetzigen Direktor und weiteren verantwortlichen Mitarbeitern, erfahren hat, sei dankbar hervorgehoben.[61]

Dass wir trotz der plötzlichen Erkrankung einer Kollegin[62] und anderer unvorhergesehener Schwierigkeiten heute termingemäß eröffnen können, verdanken wir dem Einsatz zahlreicher Hilfskräfte in letzter Minute (und letzter Nacht), Kollegen, Freunden, Angehörigen,[63] und der Mitarbeit technischer Werkstätten von anderen Sektionen der Universität.

Ein besonderer Dank muss an Herrn Thöne, VEB Papierverarbeitung, gerichtet werden. Er und seine Mitarbeiter haben es ermöglicht, dass der „Führer durch das Ägyptische Museum" in kürzester Zeit erscheinen konnte und eine hervorragende Ausstattung erhalten hat.

Der Dank an die Anwesenden wäre unvollständig ohne ein Wort des Gedenkens an den verstorbenen Institutsdirektor, unseren Lehrer Siegfried Morenz. Er hat als wissenschaftliche Hilfskraft 1943 die Bestände des Museums verpackt und ausgelagert und vor der sicheren Zerstörung bewahrt. Er hat 1951 die erste Teilausstellung aufgebaut und später durch Veröffentlichungen, Planentwürfe und Eingaben das Ägyptische Museum im Bewusstsein der Öffentlichkeit und der staatlichen Leitungen lebendig erhalten.

Damit ist der Bogen von der Vergangenheit zum heutigen Tage geschlagen. Es sei schließlich dem Musikinstrumenten-Museum als dem Gastgeber unserer Festveranstaltung gedankt, und der *Capella Fidicinia* und Dr. Grüß, ihrem Leiter. Die liturgisch-weltlichen Festmotetten von Dufay,[64] zur Feier kultureller Höhepunkte wie der „Einweihung des Hauses" (des Domes zu Florenz nämlich, 1436), geschaffen, haben unserem Museum die nötige Weihe gegeben. Mit den jetzt folgenden Liedern wird akademische Heiterkeit Leipziger Prägung hinzukommen, denn der spätere Thomaskantor Schein[65] komponierte sein „Venus-Kräntzlein", aus dem die Sätze stammen, im Jahre 1609, als er Student der Rechte „*in Academia Lipsiense*" war.

61 Ihr war die ägyptologische Wissenschaftseinheit mit dem Ägyptischen Museum unter verschiedenen Bezeichnungen von 1969 bis 1976 zugeordnet.

62 Dr. Renate Krauspe, Kustodin und Hauptverantwortliche für den Museumsaufbau.

63 Horst Etzoldt, der Restaurator, auf dem die Hauptlast namentlich der letzten Aufbauphase lag, berichtete, wie er in der Nacht vor der Eröffnung am Ende seiner Kräfte war und aufgeben wollte, aber der Anblick all der hingebungsvoll werkelnden Mitarbeiter und Hilfskräfte habe ihm neuen Mut gegeben. Am Festakt zur Eröffnung konnte er wegen eines Schwächeanfalls leider nicht teilnehmen.

64 Guillaume Dufay, niederländischer Komponist (um 1400–1474).

65 Johann Hermann Schein, sächsischer Komponist (1586–1630).

An letzter Stelle und doch nicht zuletzt danken wir Ihnen, meine Damen und Herren, dass Sie unserer Einladung gefolgt sind und durch Ihre Anwesenheit Ihre Teilnahme am neuen Ägyptischen Museum und Ihren Respekt vor seinen Traditionen bekunden.

4.2 Erinnerungen an den 9. November 1989[66]

Elke Blumenthal

Ich habe den Tag, an dem die Berliner Mauer fiel, nicht in Leipzig und nicht in Berlin erlebt, sondern in Kairo. Und das kam so:

Nachdem ich mich dreiunddreißig Jahre, zuerst als Studentin, dann als Assistentin und Professorin der Leipziger Universität mit der Kultur der Pharaonenzeit beschäftigt hatte, war mir im Sommer 1989 die Erlaubnis erteilt worden, Ägypten zum ersten Mal zu besuchen. Die lang ersehnte Erfahrung sollte sich als überwältigend erweisen; mir war, als würde mein ägyptologisches Weltbild vom Kopf auf die Füße gestellt.

Dennoch war ich mit zwiespältigen Gefühlen abgereist, denn gerade hatte es den für Leipzig entscheidenden politischen Durchbruch gegeben. Am Nachmittag des 9. Oktober war das Stadtzentrum auf behördlichen Befehl weitgehend stillgelegt, die Geschäfte waren geschlossen worden. Man wusste von Sonderaufgeboten von Polizei, Armee und Staatssicherheit, zum Glück nichts von den Geschützen auf den Dächern um den Karl-Marx-Platz[67]. Zum Friedensgebet um 17 Uhr war erstmals nicht nur die Nikolaikirche, sondern auch die Thomaskirche geöffnet worden, beide waren brechend voll, und danach zog die große Montagsdemonstration um den Innenstadtring. Und es geschah das Wunder: Der Schießbefehl wurde nicht ausgelöst, die Angst fiel von den Demonstranten, sie verbrüderten sich mit den Bewaffneten, eine Hoffnung hatte gehen gelernt.

Acht Tage später hatte ich die traumhafte Realität der Heimat mit dem Land meiner Träume vertauscht, und es war schwierig, gleichzeitig in beiden zu leben. Die Meldungen von weiteren Ereignissen kamen spärlich, Briefe und Zeitungen brauchten mindestens zehn Tage, und die DDR-Botschaft, die mich zu betreuen und zu beaufsichtigen hatte, glich einem sinkenden Schiff, in dem jeder sich zu retten suchte und keiner dem anderen traute. Wer wusste schon noch, ob er nicht einen Staat vertrat, der gar nicht mehr existierte? Die Ägypter auf der Straße hatten im Fernsehen die Flüchtlingsströme von DDR-Bürgern gesehen, die ihre Ausreise über Ungarn und die bundesdeutschen Botschaften in Prag und Berlin zu erzwingen versuchten. „Warum macht ihr das? Ihr habt doch genug zu essen!" war ihre Frage. Sie irritierte mich, obwohl ich damals noch meinte, es gehe um Freiheit und nicht um mehr Wohlstand.

66 Niedergeschrieben 1999 für eine Ausstellung im Institut Français de Leipzig.
67 Heute (wieder) Augustusplatz.

Mein Rückflug war auf den 11. November festgesetzt. Am 10. in aller Morgenfrühe erreichte mich in meiner Kairoer Wohnung der Anruf eines ägyptischen Kollegen[68]: „Ich wollte Ihnen nur sagen, heute Nacht ist in Berlin die Mauer gefallen." Ich hatte ihn zuvor nicht getroffen, wir kannten uns nicht persönlich, doch hatte er seinerzeit in München studiert und ahnte, was diese Nachricht für mich bedeutete.

Am nächsten Abend waren der sonst an Sonnabenden menschenleere Bahnhof des Ostberliner Flughafens Schönefeld und der Zug Berlin – Leipzig überfüllt. Offenbar hatte das ganze Volk der DDR das Wochenende genutzt, um nach Westberlin zu pilgern, die Jüngeren hatten es nie gesehen. Man stand auf einem Bein, in drangvoller Enge, das Gepäck auf den Füßen, aber keiner stöhnte oder schimpfte. Es wurde erzählt, gewitzelt, gelacht, gesungen. Die Woge eines großen Volksfestes trug mich zurück in eine veränderte Welt.

68 Ali Hassan, später Generalsekretär der Ägyptischen Altertümerverwaltung.

Wir haben Ihr Interesse am Ägyptischen Museum der Universität Leipzig - Georg Steindorff - geweckt? Dann entdecken Sie auch die weiteren Bände, die im Manetho-Verlag erschienen sind.

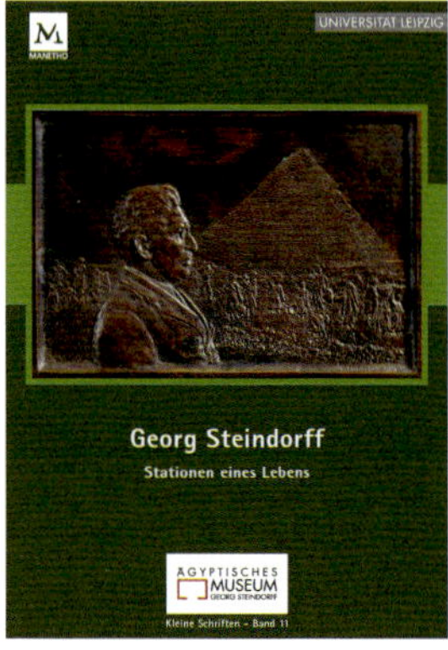

Kleine Schriften des Ägyptischen Museums der Universität Leipzig; Band 11

Georg Steindorff - Stationen eines Lebens

Herausgegeben von Dietrich Raue

78 Seiten; 14,3 x 20,5 cm;
mit 20 meist farbigen Abbildungen; gebunden

ISSN 2509-9876
ISBN 3-9813741-1-7
EAN 978-3-9813741-1-7

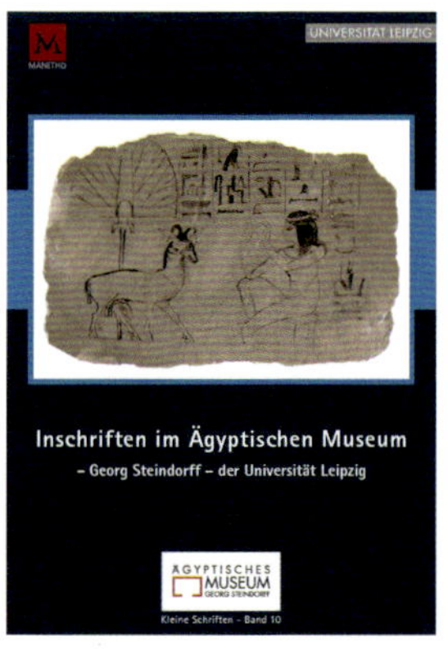

Kleine Schriften des Ägyptischen Museums der Universität Leipzig; Band 10

Inschriften im Ägyptischen Museum - Georg Steindorff - der Universität Leipzig

Herausgegeben von Dietrich Raue

116 Seiten; 14,3 x 20,5 cm;
mit 58 teils farbigen Abbildungen; Broschur

ISSN 2509-9876
ISBN 3-447-10677-8
EAN 978-3-447-10677-1

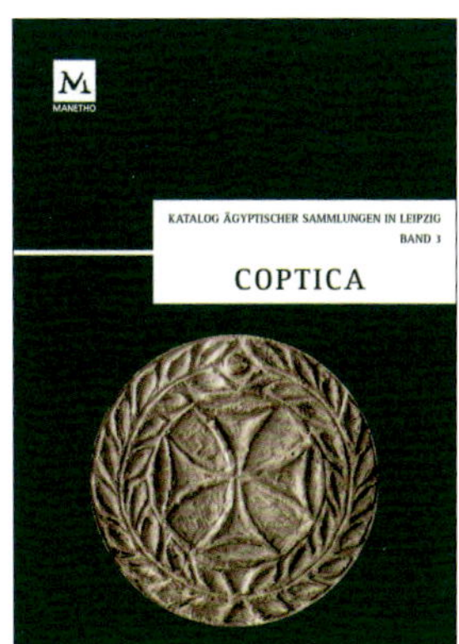

Katalog Ägyptischer Sammlungen in Leipzig; Band 3

COPTICA
Koptische Ostraka und Papyri, koptische und griechische Grabstelen aus Ägypten und Nubien, spätantike Bauplastik, Textilien und Keramik

Bearbeitet von Suzana Hodak, Tonio Sebastian Richter und Frank Steinmann

232 Seiten; 21 x 29,7 cm;
alle Objekte auf 45 s/w und 8 Farbtafeln; gebunden

ISBN 978-3-447-06790-4

Erstmals werden die koptischen und spätantiken Bestände des Ägyptischen Museums Leipzig in diesem Band umfassend in fast 100 Katalogeinträgen mit großformatigen Fotos detailliert vorgestellt.

Weitere Informationen und Bestellmöglichkeiten unter www.manetho-verlag.de